ちくま新書

高校生のための経済学入門【新版】

小塩隆士
Oshio Takashi

1779

はしがき

本書は、高校生に経済学の初歩を学んでもらうための入門書です。しかし、高校生は経済学に興味があるのでしょうか。それが少々心配なところです。高校のカリキュラムの中では、「公共」や「政治・経済」という科目が経済学の内容を含んでいますが、あまり突っ込んだ説明はされていません。大学入試でも、これらの科目はあまり重視されていないようです。大学の経済学部でも、経済学を勉強しようという明確な意図をもって入学してくる学生はそれほど多くないのではないかと思います。

その一方で、一般向けにやさしく書かれた経済学や経済の本は結構売れているようです。どうも、「腰を据えて経済学を勉強するのは面倒だが、経済学の考え方は知りたい」と思う人が増えているのでしょう。その背景としては、景気の低迷や経済格差、財政赤字や年金問題など、経済問題への関心が著しく高まっていることが考えられます。

本書は、高校の授業で経済学を少しばかり学んでいる高校生、経済学部を受験する前に経済学を少し知っておこうと考えている高校生、そして身の回りの経済現象に興味を持ち始めた高校生などを読者の対象としています。あるいは、経済学部への入学が決まった高校生が、大学の授業が始まる前に読んでおくというケースも想定しています。

しかし、読者の対象を高校生に限っているわけではありません。大学で経済学の勉強を始めた、あるいは終えた人が、授業の予習やおさらいに本書を使っていただくのもいいでしょう。しかし、経済学には、実社会に入ってから理解できるという部分が多くあります。経済に対する問題意識も、社会人になってからのほうが学生時代よりはるかに強くなっているはずです。むしろ社会人の方々にこそ、本書を経済学の〝再〟入門用テキストとして気軽に読んでもらえるように工夫したつもりです。

本書の初版は、2002年に刊行されました。20年以上にわたって多くの方々に読んでいただき、著者として感謝の念に堪えません。しかし、初版の刊行以降、経済を取り巻く状況は大きく変化しています。高校生が経済学を学ぶ環境もだいぶ違ってきたようです。学習指導要領が新しくなったほか、大学入試における「政治・経済」の扱いも変わりました。そうした事情を踏まえて、今回、大幅な加筆修正を行いました。

特に今回の改訂では、初版では触れなかった、外国との取引を説明する章を新たに加えています。また、日本銀行（日銀）の政策など、金融についても教科書の説明と現実との隔たりをできるだけ縮めることに努めました。そして、少子化の進行を背景に高まっている、「世代」の重要性も意識した書きぶりにしています。

ただし、経済学の考え方や経済現象の中で、最も基本的で重要だと思われることを、くどいと思われるくらい噛《か》み砕いて解説する、というスタンスは初版から変えていません。また、教科書や授業ではしばしば省略されるものの、けっこう重要な点もいくつかあり、そこは少し力を入れて説明しています。巻末には、キーワードで引ける索引を付けましたので、知りたい用語がある場合は利用して下さい。

高校や大学の授業における経済学の説明、そして日頃の経済記事やニュースを理解する上で、本書が少しでもお役に立てれば、筆者にとってこの上ない幸せです。

なお、本書の初版が世に出たのは、筑摩書房の山野浩一氏のご尽力によるものです。そして、今回の改版に当たっては、同社の伊藤笑子氏に全面的にお世話になりました。深く感謝いたします。

小塩　隆士

高校生のための経済学入門 新版【目次】

章扉イラストレーション=須山奈津希

序　章

経済学を学ぶ前に

1　経済学はどのように学ばれているか

†影が薄かった「政治・経済」

この本は、『高校生のための経済学入門』というタイトルがついているくらいですから、読者としては一応、高校生を念頭に置いています。ところが、お恥ずかしい話ながら、筆者は高校時代に経済学という学問があることを知りませんでしたし、経済問題にもほとんど興味を持っていませんでした。

筆者が高校生だった頃にも、社会科の科目の1つとして「政治・経済」という授業があったことは確かです。この科目は高校1年生のときに受けた覚えがありますが、残念ながらほとんど記憶に残っていません。日本国憲法とか、地方自治がどうのこうのという話は、この授業で聞いたように思いますが、本書で説明するような市場《しじょう》メカニズムや経済政策の話は教わった記憶がありません。先生は、きちんと教えて下さったのかもしれませんが。

筆者の高校時代は、大学を受験する場合、社会科としては「日本史」と「世界史」のどちらか一方または両方を選択することが一般的なパターンでした（実際には、ここに「地理」も選択肢として加わりました）。しかし、この2科目はどちらかというと、もともと人文科学のほうであり、社会科学に含めるのには少々無理があります。さらに、高校レベルに限って言えば、この2科目は高校生に記憶力と受験のための〝根性〟を競い合わせるためにあったように思えてなりません。

それに比べると、同じ社会科でも「政治・経済」という科目はずいぶん影が薄く、「数学」や「物理」「化学」の勉強で忙しい理系の生徒が受験で手を抜くために選択する科目、というイメージが強かったように思います。大学受験を目指す当時の高校生にとっては、「政治・経済」はちょっとかじっておく科目であり、勉強に力が入らなかったのではないかと思います。

†カリキュラムは新しくなったが……

現在の高校生にとってはどうなのでしょうか。現行のカリキュラムでは、かつての社会科は「地理歴史」と「公民」に二分されています。この「公民」は現在、必修科目の「公共」と選択科目の「倫理」「政治・経済」で構成されています。経済の知識や経済学の基本的な考え方は、これらのうち、「公共」で少し顔を出し、「政治・経済」でより本格的に登場しています。

筆者はこの本を書くために、高校で実際に使われている「公共」や「政治・経済」の教科書を見せてもらったり、書店で受験参考書をパラパラめくったりしてみました。しかし、正直言って、そこに書いてある経済や経済学の説明にあまり魅力を感じませんでした。そもそも中身が断片的な内容の寄せ集めである上に、ここ数年の経済ニュースをちりばめて「ハイ、これが経済です」と言われても、勉強する気はなかなか起こらないでしょう。教える先生方もさぞ苦労されていることと思います。

新しい科目である「公共」では、経済に関する幾つかのテーマについて、生徒どうしが意見を交わしながら能動的に勉強していく、いわゆるアクティブ・ラーニングの仕組みも試みられています。それ自体は結構な取り組みだと思うのですが、授業時間はかなり限られています。もともと多様な面からの検討が必要であり、専門家や行政の担当者の間でも見方が異なる問題について、限られた時間で高校生の理解がどこまで深まるのか。担当する先生の手腕がかなり問われることになると思います。

読者のなかには、大学入試の共通テストで「政治・経済」という科目の受験を考えている人もいるかもしれません（「政治・経済」は「公共」とセットで受験することになっているようです）。最近の共通テストに出された「政治・経済」の問題を見ると、経済学の基本的な知識の理解を問うオーソドックスな問題がある一方で、ごく最近の経済現象の解釈を問うものや、経済学の最先端の研究領域からの出題もあります。他人事ながら、受験対策を練るのは大変だなと思います。さらに、主要な国公立大学が個別試験から「政治・経済」を排除してしまっていることも無視できません。

このように考えると、経済学は、いまでも高校生にとって縁遠い学問ではないのでしょうか。少なくとも、受験のためにどうしても勉強する必要がある科目ではありません。大学の教員にとっても、高校時代に経済学を学んでおいてほしいという希望は強くありません。そうでなければ、大学入試で「政治・経済」がここまで軽視されるはずがありません。

そうした中で経済や経済学に少しでも興味を持ち、しかも本書を手にするまでに至った高校生の皆さんに対しては、筆者として感謝するしかありません。本書がそういう読者の期待を裏切らなければよいのだが、と祈るばかりです。

†経済学部に異変が起こっている?

経済学を本格的に勉強するのは、大学に入ってからでしょう。そして、経済学部がその中心になります。ところが、その経済学部に異変が起こっているようです。というのも、大学の文系学部をめぐる状況がずいぶん変わってきました。なかでも、法学部の人気やステータスが低下しています。筆者が大学生だった1980年代初めには、国家公務員試験に合格し、キャリア公務員になるとか、司法試験に合格して弁護士になるといった形で、法学部の学生にはエリートへの道が明確に提示されていました。経済学部にはそれがなく、学生にとっても何のために経済学を勉強するのかよくわからない面がありました。

しかし、最近では、エリートとしてのキャリア公務員の魅力が低下しているようです。政治家の無理を聞き、国会答弁の準備で深夜まで残業を強いられるなど、国家公務員の過酷な働き方が知れ渡ってきたことの影響かもしれません。公務員志望者は減少傾向をたどり、キャリア公務員の中で最大勢力だった東京大学法学部卒もいまでは少数派になっています。また、資格をとるのに苦労する弁護士も、司法試験制度改革の影響もあって供給がだぶつき気味になっているとも聞きます。その一方で、外資系の金融機関やコンサルティング会社が、法学部卒の優秀な学生を集める一番人気の就職先になりつつあります。

そうした事情もあってか、法学部人気がここに来て低下しています。その代わりに、経済学部のステータスが上がってきたようです。就職の面でも、金融機関やコンサルティングなら経済学部も法学部にそれほど引けを取りません。そもそも、メディアを賑《にぎ》わすニュースの多くは経済に関するものなので、大学での授業で得た知識をフルに生かせそうです。

その結果、最近では、文系志望の優秀な学生の中で経済学部に流れる人たちが増えているようです。最近のビッグ・データやAI（人工知能）の活用に関わる話も、法学部よりは経済学部に親和性がありそうです。経済学部に追い風が吹いてきたのかもしれません。

†対応に頭を抱える教員

問題はむしろ、優秀な学生が集まりつつある経済学部の教員が、そうした学生にどう対応すべきかという点です。人気は高まりつつあるとしても、新しく入ってきた学生から経済や経済学に対する興味をどのように引き出すかという問題は、経済学部の教員にとって依然として大きな悩みの種です。

1年生のときに、大教室の講義を補完する形で、経済に関する時事問題を取り上げ、学生に演習形式で議論させている大学もかなりあります。「SDGs（持続可能な開発目標）」「消費税」「少子高齢化」等々、学生にインターネット上の情報や新聞・雑誌の記事を集めて報告させたり、ディベートをさせたりするという工夫が行われています。

高校の「公共」などの授業でいわゆるアクティブ・ラーニングを経験した学生なら、教員より気の利いたプレゼンテーションをするかもしれません。そうした新しいタイプの学生の能力を、経済学の授業にどのように生かすか――教員の資質や工夫がこれまで以上に問われそうです。

もう1つ解決すべき問題が数学です。最近では、私立文系でも数学を入試科目として課すところが出てきており、状況は徐々に変化しつつあります。しかし、数学の能力をどのように習得させるかが、経済学部の教員が取り組むべき課題として残っています。最近では、新設ラッシュになっているデータ・サイエンス系の学部のように、入試段階で数学の能力をしっかりチェックするところも出てきました。

従来の経済学部でも、入試科目の見直しは別としても、基礎的な数学の知識を体系的に習得させる時期に来ているようです。学部レベルの経済学であれば、簡単な微分や線形代数の知識を持っているだけでかなりのことができるので、なおさらそれがいえます。

†社会に出てから勉強する経済学

しかし、経済学部に入学する学生がすべて、自分で進んで経済学をどんどん勉強するということにはならないでしょう。筆者の経験からいっても、大学の授業で興味が湧くのはごく一部です。多くの学生は、卒業に最低限必要な単位を揃えることを第一の目標としているでしょうし、それはそれで合理的な行動です。

それでも、高校で「政治・経済」を履修しなくても、大学で経済学をきちんと勉強しなくても、人々が経済に関する知識や経済学の考え方をまったく身に付けないまま生涯を終えるということはまずありません。経済や経済学に関する興味や関心はむしろ、社会に出る頃に高まるからです。

経済の勉強を余儀なくされる、最初のステップは就職活動です。就職活動が始まる頃になると、それまでは経済にはあまり興味が湧かなかったのに、突然「日本経済新聞」に目を通す。いままで存在すら知らなかった「会社四季報」を覗《のぞ》いてみる。慣れないスーツを着て企業セミナーに顔を出し、面接に備えて「○○業界研究」といった本を買い込む。ついでに「経済の仕組みがわかる本」といった類の本を読んで、恥ずかしくない程度の経済知識を身につけておく。まさしく典型的な付け焼刃な知識の習得パターンです。

そんな学生も、皆さんの先輩には結構います。就職活動が始まると、経済や経済学の勉強に俄然《がぜん》力が入るわけです。「少子化時代の経営戦略について、君はどう思うのかネ」と面接で聞かれたらどうしよう……。経済学に限らず、勉強というものは目的が明確になってはじめて力が入ります。

しかし、もっと本格的な経済学の勉強は実社会に出てから始まります。会社に毎日通って給料をもらうことは、最も基本的な経済行動の1つです。さらに、自分の勤めている会社の利益をあげるために、会社勤めの人たちはいろいろと悩み苦しみます。「最近、売上げが落ちているぞ。お客に商品を買ってもらうにはどうすればよいか」「円安が進むと、収益はどう変化するか」「日銀が金融緩和を見直すそうだが、ウチの銀行はどう対応すべきか」……。

これらはすべて経済学が取り上げる重要なテーマです。学生時代にどこを読んでいいかわからなかった「日本経済新聞」も、仕事上毎朝読まずにはいられない会社勤めの人たちも少なくないでしょう。経済雑誌はたくさん種類があるし、経済専門のニュース番組も一定の視聴率を維持しています。やはり、経済学は非体系的ながらも勉強されているのです。

晩ごはんのおかずを何にするかといった、日常の家庭生活における問題も、経済学で考えることができます。「今月は残業代が少なくなったから、牛肉を買わずに鶏肉で我慢しよう」という計画は、お母さん、あるいはお父さんが導いた立派な経済学的解決策です。スーパーマーケットで買い物をするときも、夕方5時を過ぎる頃になると惣菜や生鮮食料品が値引きされます。この値引きも、「売れ残ると困る」という、小売店にとっての極めて経済学的な理由によるものです。

しかも、世の中には、「これは経済学で説明がつくんだろう」と何となく予想がつくものの、実際のところはよくわかっていない仕組みが結構あります。例えば、私たちが買い物をすると消費税という税金を支払わされます。この税金はいったいどこに行って、どのように使われるのでしょうか。お金は日銀が発行しているということは何となく知っていますが、その量はどうやって決めるのでしょうか。銀行にお金を預けると利子がつきますが、この利子はどこから来るのでしょうか、等々。これらは、すべて経済学にとって重要なテーマです。

2　高校生にとっての経済学

†お小遣いの使い道をどう決めるか

私たちの日常生活は、無意識のうちに経済の仕組みの中にどっぷりと浸《つ》かっており、しかも私たち自身の行動も経済学的に説明できるのです。高校生の皆さんにとっても、経済学はさまざまなところで顔を出しているはずです。以下では、本論に入る前にその例をいくつか紹介することにしましょう。

まず、最も身近な例として、親からもらったお小遣いをどのように使うべきか、という問題を考えてみます。これは最も基本的で、しかも極めて重要な経済学的問題です（大学の経済学の授業でも、真っ先に取り上げられます）。親からお小遣いを1000円もらったとき、皆さんならそれをお菓子やジュース、文房具などにどのように配分するでしょうか。

ここでまず念頭に置かなければならないのは、ここでは1000円が使えるお金の「上限」であるということです。これを超えて買い物をすることはできません（友だちや兄弟から借金をすることは、とりあえず考えないことにしましょう）。この制約を堅苦しい言葉で**予算制約**といいますが、この予算制約の下で読者は買い物をします。ある読者は、シャープ・ペンシルが壊れたので、新しく買おうと考えているかもしれません。しかし、シャープ・ペンシルは500円なので、それを買うと好物のポテト・チップスを買うことを我慢せざるを得なくなるかもしれません。シャープ・ペンシルを買うべきか、ポテト・チップスを買うべきか――。

こうした問題を解決するポイントは、自分にとってどうすれば最もハッピーになるかという視点です。ハッピーになる度合いを経済学で**効用**といいますが、最もハッピーになることは「効用を最大化する」と言い換えてもかまわないでしょう。ある人にとっては、ポテト・チップスを諦《あきら》めてシャープ・ペンシルを買うことが効用の最大化につながるでしょうし、その逆の人も当然いるはずです。

以上をまとめると、お小遣いの使い道を考える読者の行動は、「予算制約の下で効用を最大化する」買い物の仕方を模索する行動、と表現できます。ここで、改めて注意してほしい点があります。それは、経済学で物事を考える場合、何らかの「制約」をつけるということです。読者が直面していた制約は、買い物の総額が1000円を超えないという予算制約でした。しかし、テレビアニメ『ちびまる子ちゃん』に出てくる「花輪クン」のようなお金持ちの友人がいて、親から無限にお小遣いがもらえるとすればどうなるでしょうか。彼は好きなものを好きなだけ買えます。彼にとっては、予算の範囲内で何をどれだけ買おうかという問題は初めから出てこないのです。「花輪クン」にとっては、経済学は無用です。

何らかの制約の下で最適な行動を探す、これが経済学の発想です。この考え方は重要です。私たちの住んでいる世の中は、制約だらけだからです。ご両親が家計のやりくりに苦労するのは、会社からもらっている給料が出費の上限になっているからです。社会福祉は充実しなければなりませんが、そのためにはお金が必要です。利用できる資源が限られているからこそ、それをできるだけ効率的に使おうという発想が出てきます。経済学は、この**効率性**の追求を大きなテーマにしています。

†大学入試はなぜやさしくなったのか

読者の中には、大学入試を控えている高校生も少なくないと思います。驚くなかれ、この大学入試もまさしく経済学の分析対象となります。

昔に比べると、大学に入学することはずいぶんやさしくなりました。日本の大学は偏差値によってランク付けされていますが、最近では受験すれば全員合格できてしまい、偏差値をつけようと思ってもつけられない大学が増えています。

そこまで行かなくても、大学入試の状況は昔と比べて大きく変わってきました。一部の名門大学を別にすると、大学間の受験生の奪い合いは熾烈《しれつ》を極めており、受験科目の大幅削減のほか、「個性豊かな多様な学生を募集する」という名目で、実質的に学力をほとんどチェックしない入試形態も一般的になっています。附属校や指定校からの推薦入学で新入生の大半を確保する大学も増えており、大学入試そのものが一部の限られた高校生が経験するものになりつつあるのかもしれません。

どうしてこんなことになったのでしょうか。大学に入学したいという受験生の人数と、大学が受け入れたいと考えている学生の人数との間で、バランスが完全に崩れてしまっているからです。それを理解するために、大学受験を大学の入学許可証が売買されている場と捉えてみましょう。大学は入学許可証の売り手（供給者）であり、受験生はその買い手（需要者）だとみなします。ただし、この入学許可証はお金では売買されません（裏口入学はないものとします）。受験生は、お金を大学に渡す代わりに、学力を示すことによって入学許可証を手に入れます。

それでは、子どもの数が少なくなるという少子化が進み、受験生が少なくなればどうなるでしょうか。入学許可証に対する需要が全体として減るわけですから、それを供給している大学の立場が相対的に弱くなります。これまでなら入試の成績が80点以上の者にしか渡さなかった入学許可証を、60点以上の者にも渡すようにしないと大学は経営が成り立たなくなります。これは、入学許可証の「価格」が低下することを意味します。

経済学は、品物の価格は需要と供給との大小関係で決まるとしばしば説明します（このしくみは、第1章で詳しく解説します）。需要が供給を上回れば、売り手の立場のほうが強くなるので、品物の価格は引き上げられます。逆に需要が供給を下回れば、買い手の立場が強くなって値下げが起こります。そして、このように価格が変化することによって需要と供給は調整され、結局両者は等しくなります。このようなメカニズムを**市場メカニズム**といいます。大学入試という高校生の皆さんにとって重要な人生の節目も、見方を変えれば市場メカニズムという極めて経済学的な状況として解釈することができるのです。

†職を失った親御さんを救うのは誰か

本章の最後に、深刻な例を挙げておきます。本書の読者の中には、不幸にも親御さんが勤め先でリストラされた友だちがいるかもしれません。あるいは、まさしく読者自身の親御さんが職を失ったというケースも皆無ではないでしょう。人件費の削減のために企業が最初に行うのは、パートタイム従業員の採用を中止し、新卒の採用を抑制することです。しかし、それでも間に合わなくなると、長い間会社に貢献してきた人たち、つまり、高校生くらいの子どもがいそうな40代半ばから50代にかけてのベテラン会社員が人件費削減の対象となります。日本企業の場合、年功序列的な賃金制度になっていることが多く、ベテラン会社員の給料は、パフォーマンスの割に高くなってしまう傾向にあるからです。

どうして、親御さんは職を失ったのでしょうか。「会社の商品の売れ行きが落ちたからだ」というのがとりあえずの答えでしょう。そういう会社が増えているのであれば、世の中全体で売れ行きが落ちていることになります。これが、「景気が悪くなった」「デフレが深刻になっている」という状況です。所得が落ち込んだ家庭では、買い物を控えるはずです。買い物を控える家庭が増えると、商品の売れ行きはさらに落ち込みます。もうけが減った会社は賃金をさらに抑え、雇用の削減を一層進めるでしょう。こうなると悪循環です。景気はいつまでたっても上向きません。

それではどうすればよいのでしょうか。世の中の人が買い物を増やせばよいのですが、親御さんがリストラされた家庭はもちろんのこと、そうでない家庭でも給料が伸び悩んで財布のヒモがきつくなっています。では「政府に何とかしてもらおう」というのが、1つの発想です。

しかし、経済学は、その肝心のところで意見が分かれています。一方では、経済を安定的に維持するためには、市場メカニズムの働きにゆだねるのではなく、政府が経済政策をとることが必要だという考え方があります。「景気が悪ければ減税を行い、景気変動の影響を緩和するのが政府の仕事だ」というわけです。

ところが、その一方で、「政府が減税を行っても、政府の借金である国債が増えれば、その返済のために増税が必要になる。将来世代に負担が先送りされることになるので、減税は望ましくない」という考え方もあります。「いやいや、そんなことを心配する必要はない。減税で景気が上向けば税収もしっかり増えるので、増税なんかいらなくなる。まず、減税だ」——と議論が尽きません。

要するに経済政策の効果については肯定と否定の両論があるということでしょう。望ましい経済政策の在り方について、経済学の専門家の間でも議論が分かれているという状況は、一般の国民から見ると頼りない限りです。実際、テレビの経済番組に出てくる経済評論家やエコノミストと呼ばれる人たちの言うことを聞いていても、まったくバラバラです。いろいろな人がいろいろな政策提言をできるということも、経済学の魅力といえるのかもしれませんが。

日本語の「経済」という言葉は、「経世済民」から来ています。これは、「世の中を治め、人々を苦しみから救う」という意味です。経済学は、政策と直結した学問なのです。経済学は、世の中を少しでもよくするにはどうすればよいか、人々が生活に困らないようにする方法はないか、という問題意識をつねに持っている学問です。しかし、「経済学＝お金もうけのための学問」といった誤解がある以上、経済学はどのような考え方をするのか、そしてそこからどのような政策提言が導かれるのか、という点はやはりきちんと説明しておく必要があると思います。

†ミクロ経済学とマクロ経済学

ここまで読めば何となく理解していただけたと思うのですが、経済学は高校生の皆さんにとってもけっして縁遠い学問ではありません。私たちが毎日、経済生活を送っていることとを考えれば、それは当然のことと言えるでしょう。高校の「政治・経済」で十分に教わらなくても、私たちは日常生活の中で経済のメカニズムを非体系的であるにせよきちんと学んでいるのです。たとえ高校生の今は理解していなくても、社会に出たら嫌でも覚えさせられます。

経済学の基本的な考え方を、高校生の人たちに知ってもらうこと、これが本書の狙いです。大学で最初に学ぶ経済学は、消費者や企業の行動、市場メカニズムの動きを説明する**ミクロ経済学**という分野と、経済全体の動きを把握し、政府の経済政策のあり方を議論する**マクロ経済学**に分けられます。本書もその分類に従い、第1章から第3章の前半までをミクロ経済学の説明に、第3章の後半から第6章までをマクロ経済学の説明に割り当てています。最後の第7章では、外国との経済取引に目を向けてみました。

いずれにせよ、筆者は理論的に厳密な話をしていくつもりはありません。読者の皆さんがすでに直感的に理解している経済学の考え方を少しばかり体系立てたり、経済学のロジックが必ずしも1つの答えを導き出さないことを示したり……。経済学が私たちにとって身近な存在であると同時に、なかなか面白い〝ものの見方〟をする学問であるということを説明していくつもりです。

第 1 章

需要と供給の決まり方

本章からは「入門」の本編に入りましょう。

最初に取り上げるのは、私たち消費者がどのようにしてモノ――経済学では、モノを「財」と呼ぶことが多いので、本書でも以下では財という言葉を用います――やサービスの需要を決めるのか、そして、その財やサービスを企業がどのように供給しているのか、という問題です。この問題は、経済学を理解する上で最も基本になることです。話が少し抽象的になると思いますが、我慢して説明について来てください。本章をうまく乗り切れば、次章以下はまるで坂道を下るような感じで読んでいただけると思います。

なお、本章と次章は密接な関係にあります。高校の「政治・経済」では、需要曲線と供給曲線が交差するグラフを用いて、市場メカニズムを説明します。本章では、その需要曲線、供給曲線がどのような理屈でそれぞれ描けるのかという議論をします。そして次章では、その需要と供給を市場《しじょう》という「土俵」の上で出合わせるという段取りになります。

ただし、本章では、高校や大学の授業や教科書ではあまり触れていないことについても、少しばかり解説を加えます。というのも、筆者が経済学の勉強を始めたときに、なかなか理解できなかったところが少なくないからです。授業や教科書はけっこう重要なことの説明を端折っており、「そこが知りたいんだよ」と思っている読者もいることでしょう。ですから、ここでも、そうした声にできるだけ応えるように解説するつもりです。

1 需要の大きさはどのように決まるか

†Tシャツを買う決め手となる要因

序章では、1000円のお小遣いの使い道を考えました。ここでは桁《けた》を1つ上げて、1万円の使い道を考えることにします。

いま、高校生のA君が財布の中に1万円持っていたとします。そして、5000円で以前から欲しかった、なかなかセンスのよいTシャツが買えるとしましょう。A君はどのようなときにこのTシャツを買うでしょうか。

Tシャツを買えば、それを着て楽しむことができます。しかし、Tシャツに5000円使ったために、買うのを諦《あきら》める品物も出てくるでしょう。Tシャツを買ったために、財布には5000円しか残らなくなります。にもかかわらず、A君がTシャツを買ったのは、

5000円でTシャツを購入し、残りの5000円を別の品物の購入に充てたほうが、Tシャツを購入しないで1万円をすべて別の品物の購入に充てるよりハッピーになると判断したからです。序章で説明したように、経済学ではこのハッピーになる程度のことを**効用**といいます。A君は、1万円という予算の下で自分の効用を最大にするにはどうすればよいか考えて、Tシャツを買うことを決定したわけです。

このようなTシャツに対する需要は、どのような要因によって左右されるでしょうか。

第一は、当然ながら、そのTシャツがどれだけ欲しいかということです。好きなブランドの新作Tシャツなので、何が何でも欲しいという人もいれば、ファッションに興味がまったくなく、新しいTシャツなんかいらないという人もいるでしょう。

第二は、Tシャツの代わりに欲しいものはないかということです。大好きなガール・フレンドの誕生日が近づいており、A君がどうしてもプレゼントを買いたいと思っている場合、Tシャツを買うべきかプレゼントを買うべきか、ずいぶん迷うことになります。Tシャツの代わりに買いたいものがそれほどなければ、迷う必要はあまりありません。

第三は、自由に使えるお金の額です。ここでは、財布に1万円あると想定しましたが、なかには、毎月お小遣いを10万円ももらえるスーパーリッチ高校生がいるかもしれません。

彼（彼女）にとっては、5000円のTシャツは簡単に手に入ります。

†価格と需要の関係――需要曲線

右に述べた3つの要因は、人によってそれぞれ異なるでしょう。しかし、すべての人々に共通に働きかける要因があります。それがTシャツの価格です。

例えば、Tシャツの価格が5000円から4500円に値下がりしたとします。右に述べたような要因を考えて、5000円なら手を出せなかったものの、4500円だったら買ってみようという人が出てくるかもしれません。そうした人は、4500円分はほかの品物を買えなくなりますが、Tシャツを手に入れることで効用が最大化する人です。

Tシャツが、さらに4000円に値下がりしたとします。すると、4500円でも買うのを躊躇《ちゅうちょ》していた人のうち、さらに何人かが新たに買うはずです。

このように考えることによって、価格が低下すれば需要が高まるという、私たちが常識的に考えている関係が確かめられます。当然ながら、逆に価格が上昇すれば需要は減ります。したがって、価格を縦軸にとり、需要される数量を横軸にとると、**図1**のように右下がりの曲線を描くことができます。これが**需要曲線**です（曲線といっても、単純化して直線

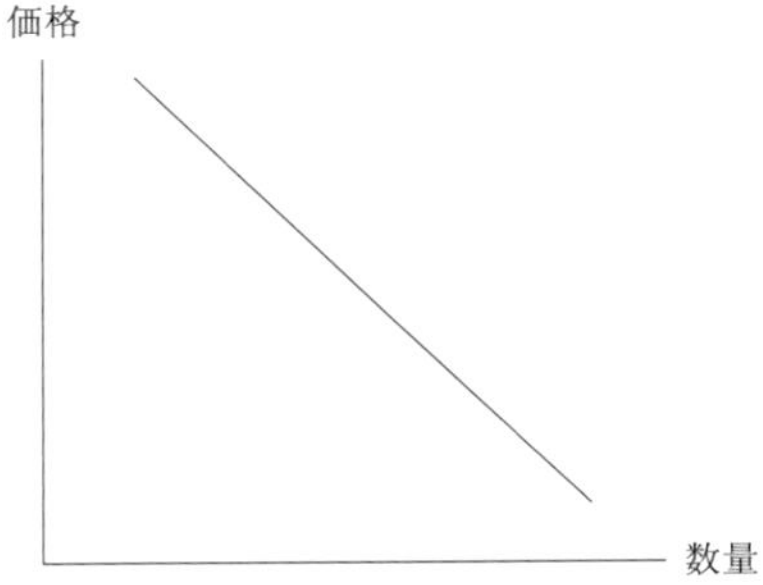

図1　需要曲線

で描かれることがほとんどですが）。

ところが、高校生の皆さんなら、このような需要曲線の描き方に戸惑いを感じるはずです。数学では、例えば $y=f(x)$ という関数を xy 平面上に描くとき、x を横軸、y を縦軸にとるのが普通です。そうだとすれば、価格に対する需要の変化をグラフに描く場合も、価格を x と考えて横軸に、需要される数量を y と考えて縦軸にとるべきです。筆者も経済学を勉強し始めたとき、なぜそうしないのか理解できませんでした。しかし、経済学の偉大な創始者の一人である**マーシャル**（A. Marshall, 1842-1924）以来、逆にすることが経済学の流儀になっているのです。でも、流儀だと言われても、それだけではなかなか納得できませんよね。

実は、この需要曲線の描き方には、一般にはあまり知られていない背景があるのです。それを説明しておきます。いま、あなたが同じようなTシャツをすでに10枚購入しているとしましょう。そこで、「さらに1枚買うとしたら、いくらだったら買いますか」と尋ねられたとき、あなたならどう答えますか。先ほどの例のように、5000円と答えるかもしれません。では、11枚持っていたらどうでしょうか。すでにたくさん持っているので、5000円は出したくないでしょう。4500円だったら買うかもしれません。

このように、すでに購入しているTシャツの数量を横軸にとり、追加的に1枚買うときに支払ってもよいと考えるTシャツの価格を縦軸にとって描いた曲線が、経済学の教科書に出てくる需要曲線なのです。すでに多くのTシャツが手元にあれば、追加的な1枚に支払ってもよいと考える価格は低くなります。だから、需要曲線は右下がりになるのですが、出発点（横軸の座標）はあくまでも数量であり、価格ではありません。

需要曲線の高さで示される価格は、手元にある財（この場合はTシャツ）が1単位増えたときに、その1単位から消費者が得る満足度、すなわち効用の増加分を金額で評価したものと捉えることもできます。この効用の増加分を、**限界効用**と言います。この限界効用は、手元にその財をすでにたくさんもっていればいるほど低下していきます。さきほどのTシャツの例でも、11枚目を手に入れたときの満足度の増分は、10枚目を手に入れたときのそれを下回るはずです。

＊経済学では、「限界（的）（marginal）」という言葉をよく使いますが、これもなかなかわかりにくい表

現です。経済学で使う「限界」は、ギリギリ限界までという場合の限界（limit）ではありません。「それまでの状態から、ほんの少し変化した」といった程度の意味です。

†需要曲線と効用最大化

このように、需要曲線は、すでに購入している財の数量をベースにして、そこから1単位だけ購入を増やしたときに得られる満足度の増分、すなわち、限界効用を計算し、それを金額で評価した値を報告している曲線なんだ、ととりあえず考えてみてください。限界効用は数量とともに低下するので――その財がすでにたくさん手元にあればあるほど、そこから1個増えてもそのありがたみの増分は減っていきます――需要曲線が右下がりになる理由も理解できると思います。

厳密に言うと、こうした説明には少し問題があります。実際には、支払ってもよいと考える11枚目のTシャツの値段を、限界効用の4500円よりやや高めに評価する可能性があるからです。というのも、Tシャツがこれまでより安くなれば、その安くなった分をほかの買い物に回すことができます。そこから得られる満足度の増分を期待すれば、11枚目のTシャツの値段を、限界効用より少し高めの、例えば4700円でもOKだと答える人も出てくるはずだからです。ただし、それを考えても、需要曲線が右下がりになることには注意してください。需要曲線に関するこうした細かい話は、大学の授業で説明されるはずです。

このようにやや面倒な話は別としても、価格を縦軸にとり、数量を横軸にとる理由や、需要曲線が本来示している関係は、高校の教科書や大学の入門書ではあまり説明されていないようなので、この際、頭の片隅に入れておいてください。

ここまでお読みになって、面倒な話はごめんだという読者もいるでしょう。そうした読者は、座標の取り方の不自然さや需要曲線の背景にある事情にはとりあえず目をつむり、「価格が高くなれば、需要は減少する」という基本の理解をしておけば大きな問題は出てきません。むしろ、そのほうが教えるほうも楽ですし、本書でもそうした説明で済ましていきます。しかし、よく似た話は供給曲線のところで再び顔を出しますので、注意しておいてください。

＊なお、しばしば混乱の原因となり、しかも、どういうわけか入試問題などでもよく尋ねられることなのですが、需要曲線上の点の移動と、需要曲線そのものが動くこととは違います。需要曲線は、人々の所得や好み、ほかの財の価格など、「ほかの条件を一定として」描かれたものです。したがって、

需要曲線上の点の移動は、その財の価格の変化だけに反応した需要の変化を示します。これに対して、需要曲線そのものの移動は、その財の価格以外の条件の変化を反映したものです。例えば、人々の所得が高まれば、その財の価格が変わらなくてもその財に対する需要が高まるので、需要曲線は元の位置から右に移動します。読者は、需要曲線を右または左に移動させる要因をいろいろ考えてみて下さい。

†財によって異なる価格への感応度——需要の価格弾力性

「価格が高くなれば、需要は減少する」という関係はほとんどの財に共通に見られる関係ですが、価格の変化にどの程度、需要が敏感に反応するかは財によって異なります。価格が1％低下（上昇）したときに、需要が何パーセント増加（減少）するかを示した指標を、**需要の価格弾力性**といいます。需要の価格に対する感応度は、この価格弾力性の大きさで示されます。それでは、需要の価格弾力性が大きい財とはどのようなものでしょうか。

最も重要なポイントは、その財に簡単に取って代われるような財があるかどうかです。例えば、牛丼を考えましょう。いくつかの牛丼チェーン店がありますが、どこの牛丼でもそれほど味に違いはありません（あくまでも筆者の個人的見解ですが）。そこで、M屋が値下げを行ったとします。すると、同じ牛丼を食べるなら、ほかの店ではなくM屋で食べようと思う人が増えます。したがって、「M屋の牛丼」という財は需要の価格弾力性が比較的大きい財だと考えられます。同様に、「Y屋の牛丼」などほかのチェーン店の牛丼も価格弾力性は大きいはずです。

一方、ほかに代わるようなものがなく、消費者がどうしても欲しいと考えるような財は、需要の価格弾力性が小さくなります。例えば、日本の一般家庭にとってのコメがそうです。コメが値上がりすれば、コメの購入を減らしてパンや麺類を増やすという家庭もあるでしょう。しかし、主食はやはりご飯という家庭も多いので、コメが少々値上がりしても人々はコメに対する需要を大きく減らしません。

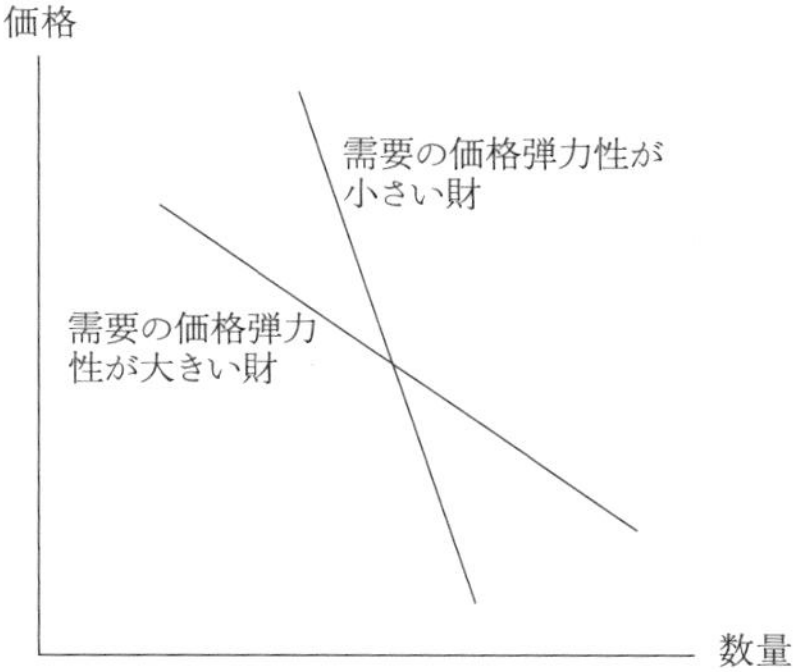

図2　価格弾力性で異なる需要曲線の傾き

それでは、価格弾力性が違えば、需要曲線の傾きはどのように違ってくるでしょうか。答えは、**図2**に示したように、「価格弾力性が大きいほど、需要曲線の傾きは緩くなる」です。価格が少しでも変化すれば、需要が大きく変化するからです。逆に、価格弾力性が小さい財は、需要曲線の傾きは急になります。需要の大きさが、価格の変化にあまり反応しないからです。

2 価格と需要の奇妙な関係

価格と需要の基本的な関係が理解できたところで、応用問題を考えてみましょう。ここで取り上げるのは、先ほども少し触れましたが、牛丼の値下げについてです。ここでとりわけ注目したいのは、値下がりすれば売上げが伸びるかという点です（コストの話は無視します）。

値下げすると売上げが増えるか

売上げは価格（単価）×販売数量（需要）で決まりますから、売上げが伸びるためには、価格の引き下げ以上に、需要が高まっていなければなりません。そこで、需要の価格弾力性という考え方が効いてきます。例えば、M屋の牛丼の価格弾力性が1・5だったとします。つまり、価格を1％引き下げれば、需要は1・5％増加すると想定するわけです。いま、M屋が単価を20％引き下げたとしましょう。このとき、需要は30％（＝20％×1・5）増加すると見込まれます。すると、価格が0・8倍、販売数量が1・3倍になるわけですから、売上げは1・04（＝0・8×1・3）倍となり、4％増加することになります。価格弾力性が1を上回れば、値下げで売上げはむしろ伸びるのです。しかし、価格弾力性が1を下回ると、売上げは減ります。

ただし、こうした計算には注意が必要です。第一に、需要の価格弾力性は本来、価格の変化が1％程度というかなり小さな場合における需要の変化の度合いを示したものです。したがって、20％といった大幅な値下げの場合にはそのまま使えません。値下げ幅が大きければ話題にもなり、価格弾力性から予想される以上に客数が伸びるかもしれませんし、そうでもないかもしれません。

第二に、それ以上に注意すべきなのは、ほかのチェーン店の反応です。M屋の売上げが伸びるのは、ほかの店が価格を据え置いている期間だけかもしれません。ほかの店が値下げに追随すれば、M屋だけが客を集めるわけにはいきません。もちろん、ハンバーガーなどほかのファストフードから牛丼へのシフトが起こって、牛丼に対する需要が全体として増加する可能性もあります。しかし、その中で特にM屋の売上げだけが伸びるということにはならないでしょう。世の中はなかなか厳しいものです。

第三に、需要の価格弾力性の値を事前に知ることは容易ではありません。価格を変えなければ、需要がどのように反応するかわかりません。先ほどは、M屋の牛丼の価格弾力性を1・5とおきましたが、これはあくまでも議論を始めるための仮定です。実際には、値下げをしてみないとわかりません。

†財どうしの複雑な関係

これまでのTシャツや牛丼の話は、その財自体の価格の変化がその財の需要に対して及ぼす影響に関するものでした。ところが、世の中には、その需要がほかの財の価格の影響を受けるという財もあります。

まず、一方の財の価格が上昇（低下）すれば、他方の財の需要が増加（減少）するという関係があり得ます。この関係にある財は珍しくありません。経済学の教科書には、コーヒーと紅茶がよく挙げられていますが、M屋の牛丼とY屋の牛丼、（コンビニエンス・ストアで売っている）おにぎりとサンドイッチ、などいろいろです。こうした関係を**代替関係**

と呼びます。簡単に言えば、ライバル関係です。

一方の財の価格が上昇（低下）すれば、他方の財の需要が減少（増加）するという関係もあります。一方の財の価格が上昇すれば、その財の需要は減少しますが、それに付き合って需要を落とす財も中にはあるでしょう。こうした関係を**補完関係**といいます。つまり、お互いがセットになって（＝補完し合って）人々の効用を高め合う財の組み合わせのことですが、この例はあまり見当たりません。経済学の教科書には、パンとバター、コーヒーと砂糖などの組み合わせが例として挙げられています。

さらに、互いにほとんど影響を及ぼさない関係もあります。例えば、アイスクリームが値上がり（値下がり）しても、靴下の需要にはほとんど影響が出てこないでしょう。ただし、影響がまったくないとはいえません。例えば、アイスクリームが10円値上がりしたために、靴下を買うのにお金が足りなくなり、買うのを諦めたという人が世の中にいるかもしれないのです。

このように、世の中にある財の需要は複雑に結びついており、お互いに価格の変化の影響を受け合っています。その関係を厳密に追跡するのは、スーパーコンピュータを使っても無理でしょう。しかし、だからといって何も分析できないというのは、芸がなさ過ぎます。そこで、現実を単純化・モデル化したり、ほかの条件を一定にしたりして、経済現象の基本的なメカニズムを探るというのが、経済学の基本的な手法です。これは、ほかの社会科学でも共通しているやり方です。

3　供給の大きさはどのように決まるか

†企業は利潤の最大化を目指す

家計は限られた予算の下で効用の最大化を目指す、というのが家計の行動に対する経済学の想定です。私たちは、そこから価格が上昇すれば需要が減少するという、財の価格と需要の関係を導き出すこともできました。話は、ここから供給サイドに移ります。

供給曲線は、**図3**のように右上がりの曲線として描かれます。価格が上昇すれば供給が増える、という状態を示したのがこの供給曲線です。しかし、需要曲線と異なり、供給曲線は「わかったようでわからない」ところがあります。需要曲線は、価格が上昇すれば需要が落ちるという、直感的にも理解しやすい関係を表しています。供給曲線のほうはどうでしょうか。「価格が上昇すれば、企業は供給を増やしたいと思うはずだ」というのが頭に浮かぶ説明です。しかし、「価格が低下しても、たくさん売ればよいではないか」「価格が高くなれば、がんばらずに少し売るだけでもいいではないか」といった反論には、どう答えたらよいでしょうか。

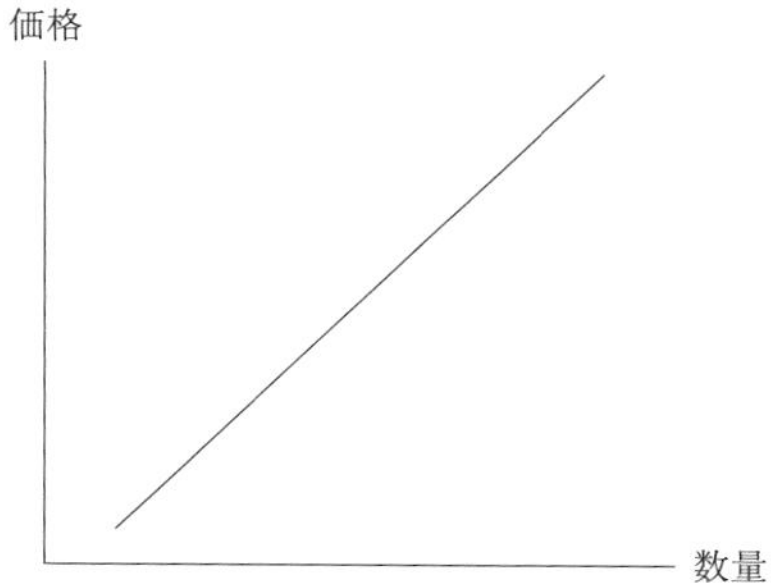

図3　供給曲線

価格と供給の関係を考えるためには、企業が何を狙って生産活動を行っているのかという点を明らかにしておく必要があります。経済学の入門レベルでは、「企業は**利潤**（もうけ）の最大化を目指す」と想定します。前に紹介した反論は、企業にとって重要なのは売上げだと想定しているから出てくるのです。現実には売上げが重視されることも少なくありませんが、最終的にはその売上げから得られる利潤が大事になるはずです。以下では、企業によるこの利潤を最大にするという行動から、供給曲線が右上がりになる理由を説明します。

それでは、最初に利潤について考えましょう。利潤とは、売上げから生産のためにかかるコストを差し引いたものとして定義されます。そして、このコストのことを生産費用といいます。したがって、

利潤＝売上げ－生産費用

という関係式が成り立ちます。なお、以下では、生産（生産量）と供給という言葉を同じ意味で使うことにします。

ここで、売上げは、その企業が生産する財の価格（単価）に生産量を掛け合わせて求めることができます。もちろん、実際には、企業は価格を操作することができるはずです。しかし、ここでは、価格の変化に対する企業の反応を見るわけですから、価格は企業にとって変えられないものと仮定します。そして、その価格でいくらでも買い手がつくと考えましょう。つまり、この企業の生産規模はその財の市場全体から見てかなり小さいものと想定するわけです。こうした想定の下では、価格を一定とした場合、生産量を高めていくことで売上げは比例的に高まっていきます。

†生産費用はどう変化するか

一方、生産費用はどうでしょうか。企業が財を生産するためには、原材料、従業員に支払う給料、工場やオフィスのレンタル料、電気代や通信費など、さまざまな費用がかかります。生産すればするほど、生産費用は増加します。しかし、生産する財1個当たりの生産費用である、平均費用についてはどうでしょうか。生産量があまり低い水準だと平均費用はかなり高くなるはずです。そして、その平均費用が企業の生産している財の価格を上回っていれば、企業は利潤どころか赤字を生むことになります。

ところが、生産量を増やしていくと平均費用は徐々に低下していきます。たくさん生産すれば、1つ1つの生産にかける手間がそれだけ省けるからです。そして、平均費用が価格を下回り始めると企業は利潤を得ることができるようになります。その後も平均費用が低下し続ければ、企業は生産量を増やせば増やすほど利潤を増やすことができます。利潤最大化を目指す企業にとっては、無限に生産を増やすことが合理的な選択となります。

しかし、平均費用が低下し続けるというのは現実的な状況でしょうか。世の中を見ても、無限に生産を行っている企業はありません。そんな企業があれば、地球上の資源を使い果たすまで生産を続けているはずです。つまり、企業の生産量は有限です。ということは、①平均費用は生産量が低いうちは生産の増加に伴って低下していくものの、原材料の調達や働き手の確保が次第に難しくなるため、ある時点で底を打ってその後は徐々に上昇する、したがって、②利潤を最大化するためにはどこかで生産量を抑えたほうが得策になる、という状況を想定すべきだということになります。

このように、企業の利潤最大化という想定が意味を持つためには、生産量がある一定の水準を超えて増えると平均費用が上昇するという状況を想定する必要があります。この状況を**費用逓増**《ていぞう》といいます。逆に、平均費用が生産量の増加に応じて低下する状況を**費用逓**《てい》**減**《げん》といいます。以下では、費用逓増状態が成り立つものと仮定しましょう。

＊ただし、第3章でも説明するように、費用逓減という状態が世の中に見られないわけではありません。また、費用逓減を前提とすれば、これまでとはまったく異なった経済像が描けることになります。その研究も、経済学の世界で進んでいます。

†利潤を最大化する生産量

それでは、利潤最大化に話を進めましょう。利潤は、売上げから生産費用を差し引いた値と定義されました。生産量が少ないと、生産費用のほうが売上げより大きくなるので赤字が発生します。生産量を高めていくと、平均費用の低下に伴って売上げが生産費用を上回り、プラスの利潤が生まれてきます。しかし、生産量を引き上げ過ぎると、平均費用の高まりを受けて利潤は小さくなっていき、最終的には赤字になります。

それでは、利潤が最大になるのはどのような状態でしょうか。生産を1個増やしたときに追加的に必要になる費用――この費用を**限界費用**といいます――が1個当たりの価格を下回っていれば、生産を増やせば利潤は増加します。こうした状態がずっと続くといいのですが、生産を増やし続けると、限界費用が高まっていって価格を上回りそうになります。このように考えると、利潤が最大化するときには、価格と限界費用が一致しているはずだということになります。

ところが、この限界費用は、生産水準が高まれば高まるほど大きくなるのが普通です（例えば、すでに高まっている生産水準をさらに引き上げるためには働き手を増やさなくてはなりませんが、給料を引き上げないと働き手を増やせません）。したがって、企業から見ると、財の生産水準を引き上げたい場合、財の価格も同時に上昇してもらう必要があります。

ここで、**図3**の供給曲線に改めて注目してみましょう。ここでは、生産された数量が横軸に、価格が縦軸にとられています。企業がすでにある程度の生産を行っているとき、生産をそこから1単位増やすことを認めるためには、これまで高くなる限界費用に見合うように、これまでより高めの価格を設定する必要があります。供給曲線が右上がりになるのは、そのような状況を示しているのです。

ここで、需要曲線に関する第1節の説明を思い出してください。そこでは、需要曲線は、消費者がその財から得る限界効用を金額ベースで示したものだと説明しました。それと同様に、供給曲線は、企業がその財の生産に必要な限界費用を示しているのです。そして、限界効用がすでに購入している財の量が多いほど小さくなるのとは対照的に、限界費用はすでに生産している財の量が多いほど大きくなります。だからこそ、需要曲線が右下がりになるのとは対照的に、供給曲線は右上がりになるわけです。そして、そうした状況を描写するためには、いずれの曲線を描く場合も、数量を横軸に、価格を縦軸に描いたほうが、都合がいいのです。

†供給の価格弾力性

ところで、需要の価格に対する感応度を示す指標として、需要の価格弾力性という概念がありました。それと同じように、**供給の価格弾力性**という概念もあります。価格が1％上昇したときに、供給が何パーセント増加するかを調べるわけです。

供給の価格弾力性が大きい財とはどのようなものでしょうか。生産を増やしたときの生産費用の増加が比較的小幅にとどまる財――つまり限界費用が低い財――がそうなります。価格が上昇したときに、限界費用が低ければ、企業は容易に増産に踏み切ることができます。だから、そのような財の場合は価格の上昇が供給の増加につながりやすいのです。このとき、**図4**に示したように、供給曲線の傾きは緩やかになるでしょう。大量生産が可能な工業製品は、供給の価格弾力性が一般に大きくなると考えられます。

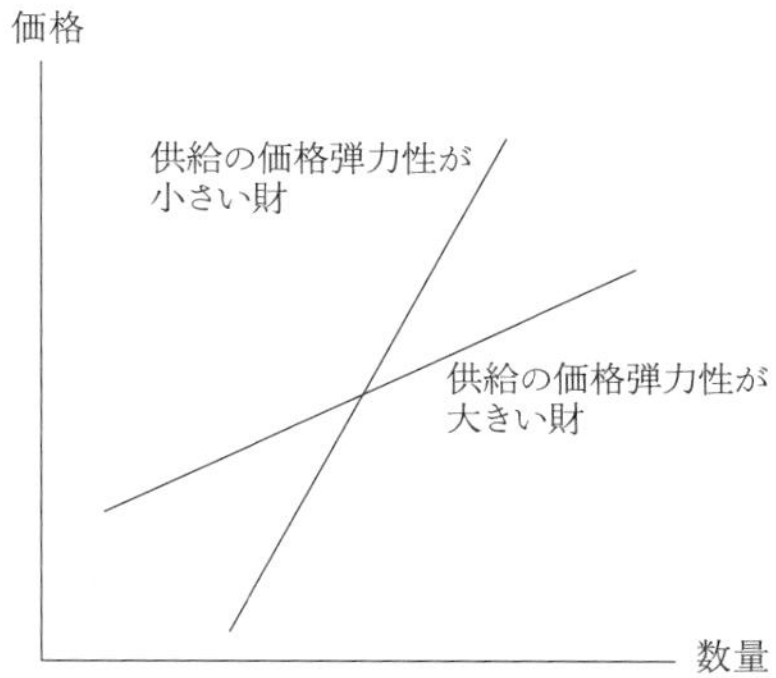

図4　価格弾力性で異なる供給曲線の傾き

一方、供給の価格弾力性が小さい財の代表例は、限られた天然資源や土地などです。供給を増やそうと思っても、極めて大きな費用が追加的に必要になります。例えば、日本における土地の供給量は、日本の国土の総面積に一致します。土地の供給を増やそうと思えば、日本は外国に巨額のお金を支払って、土地を譲ってもらうか、侵略して外国から無理やり土地を奪う必要があります。いずれも、極めて多くのコストが求められます。これは極端な例ですが、供給量を増やすために大きな追加的費用が必要な財の場合は、価格が上昇しても供給量はほとんど増加しません。このとき、供給曲線は垂直に近くなります。

第 2 章

市場メカニズムの魅力

前章では、家計と企業の行動を定式化し、需要と供給が価格とどのような関係にあるかを議論しました。本章では、その需要と供給が対面する土俵である、市場《しじょう》の仕組みや特徴について考えていくことにしましょう。

経済学者の政策提言を聞いてみると、「市場原理を重視せよ」「価格メカニズムを活用せよ」といった言い方をする人が極めて多いことに気づきます。「市場原理」「価格メカニズム」という言葉は、市場メカニズムとほとんど同じ意味で使われています。その一方で、「市場は万能ではない」「市場メカニズムを手放しで信奉する市場原理主義は間違っている」という批判の言葉も聞かれます。

市場メカニズムを手放しで信奉することは正しくない態度である、というのはその通りです。しかし、市場メカニズムの素晴らしさを頭から否定するのも、同じく正しくない態度です。本章では市場メカニズムの基本的な役割を説明し、どちらかというとその長所に注目した議論をします。そして次章では、市場メカニズムの限界に目を向け、その解決策を考えることにしましょう。

1　需要と供給を出合わせる

†市場均衡とは何か

財やサービスに対する需要や供給を決める主体は、それぞれ家計と企業に決まっているわけではありません。例えば、労働というサービスは家計が供給し、企業が需要します。自動車メーカーが自動車の生産に用いるタイヤは、タイヤ・メーカーが販売したものを自動車メーカーが買うわけですから、家計は直接顔を出しません。しかし、ここではとりあえず、企業が財やサービスを供給し、家計が需要するという構図を想定して議論します。

ただし、ここで注意していただきたい点があります。前章で説明した需要と供給の話では、財を需要するのは1人の消費者、供給するのは1社の企業と暗黙裡《り》に想定していました。しかし、市場に登場する需要や供給の大きさは、すべての消費者、すべての企業の需要や供給の総計のはずです。ですから、厳密に言えば、前章の説明には、市場における需

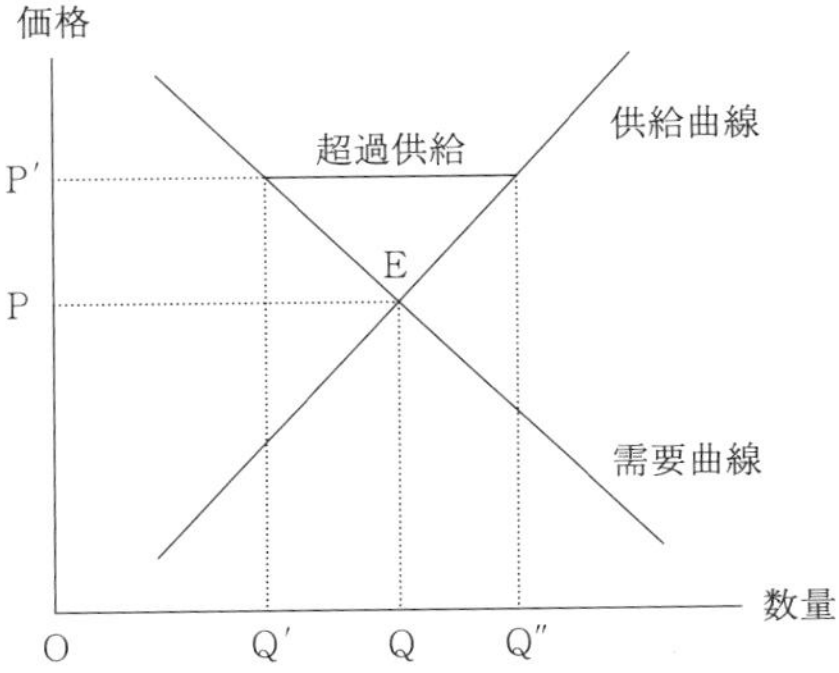

図5　市場均衡と均衡価格

要や供給に関する本章の議論をするのにはふさわしくないところがあります。しかし、ここでは難しい話は脇に置き、世の中がまったく同質の消費者、そしてまったく同質の企業で構成されると仮定して話を進めましょう。そうすれば、話はなんとかつながります。そして、消費者も企業も、価格は与えられたものとして受け止めていると仮定します。

以上の想定の下で、市場メカニズムの神秘性がどこにあるのか考えてみましょう。まず、立場の違うはずの企業と家計とが出し合った需要と供給が、価格という媒介を通じて自然に一致してしまうところに、最大の神秘性があるといえます。そのメカニズムを説明するために、需要と供給が一致するということの意味を考えておきましょう。

ここで、需要曲線と供給曲線をクロスさせてみます。**図5**がそれを描いたものです。価格を与えられたものとして、家計が効用最大化を、企業が利潤最大化を目指したときに、それぞれ最適な需要と供給がどのように決定されるかを示したのが、この2本の曲線です。通常は、需要曲線は右下がり、供給曲線は右上がりになります。その理由は、前章で説明したところです。

需要と供給が一致するのは、この需要曲線、供給曲線が交わったところ（図では点E）です。経済学では、需要と供給が一致することを**市場均衡《きんこう》**（または需給均衡）、そして、市場均衡をもたらす価格を**均衡価格**と呼んでいます（均衡していない状態を不均衡といいます）。点Eの座標を読めば、市場で均衡している需要及び供給の大きさと、均衡価格の水準がわかります。この場合はOPが均衡価格であり、需要と供給はともにOQという水準で一致しています。

†市場を均衡に向かわせる価格

この市場均衡の図は、直感的にも理解しやすいものです。しかし、この図を描くだけで話が終わるくらいなら、「市場メカニズム」とわざわざ言うほどのことではありません。ところが、（点Eで示されるような）市場均衡をつねに成り立たせるような力が働く、ということになると話は飛躍的に面白くなります。市場メカニズムの第一の魅力はそれです。

いま、何らかの理由で価格が均衡価格ＯＰを上回り、ＯＰ′になったとします。価格が高くなったので、家計は需要をＯＱ′まで引き下げようとしますが、企業は供給をＯＱ″まで引き上げようとします。ここで、需要と供給は一致しなくなり、供給が需要をＱ′Ｑ″だけ上回ることになります。この部分を**超過供給**といいますが、要するに売れ残りが発生したことになります。企業がＯＱ″だけ供給したのに、実際に家計が購入するのはＯＱ′にとどまるからです。

超過供給、つまり売れ残りが発生したとき、反応を示すのが価格です。売れ残りが発生すれば、価格は低下するはずです。価格が低下すれば企業は供給を減らし、家計は需要を増やすでしょう。したがって、超過供給は減少します。それでも超過供給が残っていれば、価格はさらに低下して調整が繰り返されます。

こうした調整は、価格が均衡価格まで低下し、需要と供給が一致するところまで続きます。同様に、価格が何らかの理由で均衡価格より低く、**超過需要**が発生していれば、市場均衡が達成するまで価格が上昇することになります。このように、価格は需要と供給を一致させる、つまり、市場均衡を達成させる力を持っているのです。

これは驚くべきことです。家計や企業は、与えられた価格を前提にそれぞれ自分の利益になるように行動します。つまり、家計は効用の最大化を目指し、企業は利潤の最大化を目指します。これらは、いわば自分勝手な行動です。そして、そうした自分勝手な行動の結果生み出される需要と供給が、ぴったり一致すると考えるのは無理のような気がします。ところが、価格は、その需要と供給をきちんと一致させていくのですから、驚異的なことと言わざるを得ません。

†誰が価格を変化させるのか

しかし、厳密な話をするとここで厄介《やっかい》な問題が起こります。というのは、需要曲線、供給曲線を導き出したときに、私たちは家計や企業にとって、ともに価格は与えられたものと想定してきました。したがって、価格が変化するとしても誰が価格を変化させるのかという疑問が出てきます。

経済学の教科書では、次のようなフィクション（作り話）を使ってこの問題を処理しています。つまり、多くの買い手（需要者）と売り手（供給者）が集まった場所で、**せり人**（競売人）と呼ばれる人が、対象となっている財について適当に価格を示し、その価格だったらどれだけ買うか、またどれだけ売るかをそれぞれ買い手と売り手に尋ねる、という状況を想定します。

そして、例えば、売り手が売りたいといった量が、買い手が買いたいといった量を上回れば、せり人は提示価格を引き下げ、買い手と売り手に意向を再度尋ねます。こうして売り手が売りたい量と買い手が買いたい量が一致するまで、つまり、市場が均衡するまでせり人は価格の提示を何度も繰り返します。そして、市場が均衡した時点で、はじめて売り手と買い手の間で取引きが行われると考えるわけです。このように市場を想定すると、1つの財について価格が一通りになることもよく理解できます。

せり人を登場させるというこのアイデアは、フランスの偉大な経済学者**ワルラス**（L. Walras, 1834-1910）が発案したものです。せり人が均衡価格を模索していくプロセスは、文字通り**模索過程**と呼ばれています。価格が市場を均衡に向かわせる機能を持っていることは、このワルラスの考え方でうまく説明できます。

ところが、この説明にはどこかインチキな雰囲気が漂います。私たちは、その肝心のせり人を見たことがないからです。世の中には売れ残り（超過供給）や品不足（超過需要）がしばしば発生しますが、これはせり人がいてきちんと需給を調整している、というわけではないということを意味します。先ほどの**図5**でいうと、経済は点Eで示される均衡点のところにいつもあるとは限りません。実際に取引きされる量は、価格が均衡価格より高い場合は家計が需要する分だけであり、低い場合は企業が供給する分に限られます。しかも、売り手と買い手が一堂に会して、ワルラスが説明したようなせりを行うことは、それほど一般的なことではありません。

†現実における価格の需給調整

どうも議論の出発点に問題がありそうです。私たちは、企業にとっても家計にとっても、価格が与えられたものであると想定して話を進めました。ここがどうもおかしいという感じがします。多くの財の場合、企業自身が自分の判断で価格をつけているからです。同じような財でも、企業によって価格は微妙に異なります。私たち消費者が買い物をする場合も、すべての店の価格を調べているわけではなく、面倒だから近くの店から買ってしまうということが往々にしてあります。

とりわけ、企業にとって価格は与えられたものである、つまり、自分ではまったく変えることができないという想定は非現実的です。これは、売値を少しでも引き上げればほかの企業にお客さんをすべて奪われてしまうという想定です。それだけ企業間の競争が激しいということでしょう。しかし、実際の企業は、少しぐらい値上げを行ったからといってお客さんをすべて失うわけではありません。その意味では、各企業は市場全体の中で、自分の思い通りになるような部分を少しは持っているのです。そう考えると、財ごとに1つの価格があって、それが市場を均衡させるという説明はやや行き過ぎだと考えられます。

しかし、価格によって需要と供給が調整されていくという考え方が、まったくの現実離れした発想でないことも明らかです。企業が価格を設定し、またその値が企業間で異なっているとしても、その財が売れないようになれば、価格を引き下げようとする企業が増えてきます。また、周りがそのようになれば、自分のところでも値下げしようと思う企業が出てくるでしょう。また、それを見た消費者がその財に対する需要を引き上げれば、需給は均衡に向かうことになります。こうして経済は、せり人がいる場合と同じ結果に向かっていきます。

ワルラスが説明してみせた、せり人による模索過程を実際に見ることはできません。しかし、企業が価格を設定するとしても、需要と供給の相対的な大小関係を無視するわけにはいきません。せり人による模索過程が実際には見られなくても、結果的にそれによく似た需給調整の仕組みが世の中にそなわっているようです。そして、その需給調整において主役を果たすのが価格なのです。

実際、私たちの間ですでに一般化しているネット・オークションでは、売買に参加する人たちが自分で価格を設定しています。同じような品物が多くの人たちにとって売りに出されていれば、価格を低くしないと売れないでしょう。逆に、なかなか市場に出回らないレア（希少）な品物であれば、マニアの人が高い価格で買ってくれるかもしれません。教科書が想定するように、無数の売り手と買い手とで市場が成り立っているという状況はそれほど現実的ではないのですが、それでも価格による需給調整は機能していると考えてよいでしょう。

†価格が変動しやすい財、しにくい財

価格によって需要と供給が一致するという仕組みは、市場メカニズムの魅力の1つです。ここでその話をひとまず終え、市場メカニズムが持っている別の魅力の話に移るつもりですが、読者の皆さんの中には「ちょっと待ってくれ」と思う人がいるかもしれません。

私たちの身の回りを見渡すと、もちろん値上がりや物価高といった現象も見られます。しかし、その一方で、価格がほとんど変化しない財もかなりあります。高校の帰り道にコ

ンビニエンス・ストアに立ち寄っても、お菓子やジュースの価格が毎日変わるということはまずありません。品物の価格が書いてある値札も、それほど頻繁には変わっていません。

一方、夕食のおかずを買うために閉店間際にスーパーマーケットに行くと、お刺身や惣《そう》菜《ざい》に「50円引き」「30％引き」という値引きシールが貼られているのをよく目にします。また、加工食品やお菓子と違って、生鮮野菜の価格は毎日大きく変動します。

このように、財によって価格が変動しやすいものとしにくいものがあります。その違いは、どこから来るのでしょう。1つのポイントは、需給調整の手段として価格以外のものがあるかどうかです。お菓子やジュースは、売れなくても店頭に並べておけばとりあえず事が済みます（賞味期限や消費期限という問題はありますが）。店頭だけでなく、店の奥の倉庫に積んでおくこともできます（倉庫に在る品物のことを**在庫**といいます）。また、逆に売れ行きがよくなって店頭の品物がなくなれば、倉庫から取り出してくればよいのです。このように、在庫という形で供給の調整が容易な財は、価格を細かく調節しなくても需要の変化に対応することができます。

一方、お刺身や惣菜は、いったん店に並べるとなかなか保存が利きません。スーパーマーケットで売られているお刺身はほとんどが解凍したものですが、再冷凍すると品質が劣化します。惣菜も、売れなかったものは捨てるしかないものが多いでしょう。また、生鮮野菜は、冷凍・冷蔵技術が進んだとしても保存がむずかしく、また、天候によって供給そのものが大きく変動します。

私たちの消費生活においては、価格が頻繁に変化しない財のほうが多いような印象を受けます。しかし、それでも価格はやはり変化し、私たちの行動に影響を及ぼします。例えば、石油価格が高騰したり、円安になって輸入品の価格が上昇したりすると、供給曲線が右に大きくシフトします。そうなると、企業は値上げに踏み切らざるを得ないでしょう。**インフレ**という状況は、このように企業が軒並み価格を引き上げた結果、経済全体の物価水準が上昇することを意味します。逆に、景気が大幅に落ち込み、人々が財布のヒモを締めるようになると、需要曲線が左に大きくシフトします。そうなると、企業は逆に値下げを強いられます。これが**デフレ**という状況です。

2 競争はいいことか悪いことか

†消費者にとってのメリット

市場メカニズムの魅力は、価格に任せておけば需要と供給が一致するということだけではありません。本節では、市場メカニズムのもう1つの特徴、つまり、競争が私たちをハッピーにするという点を説明していくことにします。

しかし、競争を肯定的に受けとめるのは、世の中では経済学者くらいのものかもしれません。普通の人は、「競争なんかするよりも、みんなで仲良く協調すればいいではないか」「経済学者が目指しているのは弱肉強食の社会だ」「競争重視は弱者切り捨ての『強者の論理』ではないか」という発想をします。筆者は、こうした発想にも正しい面がないとはいえないと思います。確かに競争にはギスギスした、冷酷な側面があります。競争を進めればすべてうまくいくというのは、楽観的すぎるだけでなく、人間社会や人間行動の多様な側面を無視した危険な考え方です。

かといって、競争が私たちにもたらすメリットを無視するわけにはいきません。競争に対する批判的な声が絶えないのは、競争が世の中からなかなか消え去らないからですが、競争がなかなか消え去らないのはそれに大きなメリットがあるからです。そして、そのメリットをきちんと説明できるのは、経済学だけなのです。

まず、私たち消費者にとって、企業間の競争はどのような点で望ましいかということを考えてみましょう。これは、それほどむずかしいことではありません。企業が完全な競争状態に置かれていれば、少しでも価格を引き上げようとするとお客をほかの企業に持っていかれます。競争状態が完全でなくても、値上げをすればお客は少なくなります。

このように企業が競争の波にさらされていることは、できるだけ安くその財を買おうと考えている私たち消費者にとって大変ありがたいことです。価格が安ければ安いほどその財を数多く買えるし、あるいは別の財の購入を増やすこともできるので、私たちの効用が高まることになるからです。

もし消費者が、「競争なんかするより、みんなで仲良く協調すればよいではないか」と企業の経営者たちに言えば、彼らは泣いて喜ぶことでしょう。企業はライバル会社と「仲良く協調」し、消費者に売る価格をつり上げます。どの店にいっても高い価格でしかその財を買えないということになれば、消費者は大変困ったことになります。

もちろん競争に負けた企業は店を閉め、「敗者」として市場から撤退することになります。しかし、それを悪いことだと決めつける理由は、少なくとも消費者という立場に立てば見当たりません。競争に負けた敗者をかわいそうだと思うのは人情かもしれませんが、「ではなぜあなたは、ほかの企業からではなくその企業から買わなかったのか」という反論に答えることはできません。あなたは、その企業の供給する財やその価格に魅力を感じなかったから、ほかの企業から購入したのです。

†資源の効率的な配分

企業間の競争は、家計にとって望ましいだけではありません。経済全体にとっても、大きなメリットを持っています。企業が少しでも価格を引き上げようとすると、よほど魅力的な財を供給していない限り、ほかの企業にお客を奪われます。そうした中で企業が利潤を最大化するためには、技術開発によって生産性を高めると同時に、原材料や労働力の投入を切り詰めて、できるだけ費用の削減に努めなければなりません。原材料も労働力も、限られた資源です。その限られた資源の投入をできるだけ節約することは、資源の有効活用という点で極めて重要です。

例えば、その財を1個生産するために100グラムの鉄が必要だったところ、技術革新によって80グラムで充分になったとしましょう。このとき、節約された20グラムの鉄は、鉄を原材料として必要としている、別の財の生産に回すことができます。これが、限られた資源である鉄の有効活用という点からみて望ましいことは明らかです。

重要なことは、こうした資源の有効活用が、「ものは大切に使いましょう」といった道徳的な説得、あるいは「お前のところでは、鉄の投入量は○○トンに制限する」といった政府の命令によって進められるのではなく、企業間の競争と価格の需給調整メカニズムによって、自動的に進められるという点です。

さらに、資源配分の話を家計による需要にまで広げてみましょう。家計は各財の価格を見比べながら――このことを経済学では、各財の**相対価格**に注目して、としばしば表現します――効用が最大になるように各財の需要量を決めます。この場合、価格が高い財ほど社会全体にとって希少な資源を多く使っているはずです。そして、家計は、限られた予算の下で効用最大化を目指すわけですから、ほかの条件が等しいかぎり、価格の高い財の購入には消極的となり、できるだけ価格の低い財を購入しようとするはずです。

ここから、次の2点が指摘できます。第一に、間接的ながら、相対価格に注目すること
により、希少な資源ほど家計は購入しなくなるというメカニズムが働いていることがわか
ります。つまり、社会全体で、希少な資源を節約する仕組みがあるわけです。

第二に、これも間接的な仕組みですが、資源は、それを欲しがっている度合いに応じて
各家計に配分されることになります。簡単に言えば、資源は、それをあまり欲しがってい
ない人より、欲しがっている人の手に渡っていく、ということです。

これは、市場メカニズムが、**資源配分**の仕方として非常に望ましい仕組みであることを
意味します。しかも、前述のように、道徳的な説得や政府の命令によってではなく、企業
間の競争と価格によって、それが自動的に達成されるという点に改めて注目して下さい。
市場メカニズムには、資源配分の効率性という点で、極めて高い点数を与えることができ
るわけです。

†アダム・スミスの「見えざる手」

ここまで来れば、経済学者が「市場メカニズムを重視せよ」「競争原理を導入すべきだ」

としばしば主張する理由が、だいぶ理解していただけたと思います。これまでの説明の結論をまとめれば、「企業も家計も、自分自身の利益になるように行動してもらって結構です。市場に任せておけば、価格の変化によって需要と供給はきちんと均衡するだけでなく、限られた資源も競争と価格を通じて効率的に配分されます」ということになります。

こうした市場メカニズムの特徴を、経済学の祖といわれる**アダム・スミス**（Adam Smith, 1723-90）はその大著『国富論』の中で、**「見えざる手」**が働いていると表現しました。言い得て妙です。もちろん、アダム・スミスは、私たちに傍若無人《ぼうじゃくぶじん》で自分勝手な行動を勧めたわけではありません。むしろ、アダム・スミスは市民社会を維持する上で私たちが果たすべき義務をきちんと強調しています。

また、第3章で詳しく述べるように、市場メカニズムにすべてを任せてしまうことは得策ではありません。市場は万能ではないのです。しかし、私たちが自分自身の利益を追求することで、社会全体の利益に貢献できるという結論は、極めて強いインパクトを持っています。市場メカニズムの欠点はいくらでも指摘できますが、それでも市場メカニズムの偉大さを無視することはできません。

競争のない「みんな仲良し」の世界は、人々が助け合って暮らしていくすばらしい世界のように見えます。そこには弱者も強者もいず、人々はギスギスした競争から解放され、心豊かな生活を送っているのかもしれません。しかし、市場メカニズムが果たしているような、効率的な資源配分を保証する仕組みは備わっているのでしょうか。市場メカニズムの代わりになるような、効率的な資源配分の仕組みは果たしてあるのでしょうか。

その点で、社会主義経済が軒並み崩壊したことは重要な意味を持っています。社会主義経済は、市場メカニズムが生み出したさまざまな問題を解決しようとして、人為的に生み出された経済体制です。そこでは、市場メカニズムというはなはだ分権的な資源配分の仕組みを、官僚組織による極めて中央集権的な資源配分の仕組みに置き換えるという試みが行われました。

しかし、社会主義経済の歴史は、その試みがすべて失敗に終わったことを示しています。経済の仕組みはあまりに複雑なのです。人間がすべてを把握することはできません。どれだけ頭のよいエリートたちが集まっても、市場メカニズム以上にうまく資源を配分することは不可能なのでしょう。社会主義は、人間の能力や理性に対してあまりに楽観的でした。

†政府は市場メカニズムにどこまで逆らえるか

一方、市場メカニズムの「見えざる手」に逆らうようなことを政府が行うと、いくら私たちのためだといっても、結局のところ私たちに迷惑をかけてしまうこともあります。

例えば、市場に任せておけば均衡価格が1万円になり、需要と供給が社会全体でともに1万個で均衡するような財があったとします。ところが、1万円ではなかなか手が出せない低所得の家計が見られるので、政府はこの財の価格の上限を均衡価格より低い7000円に設定したとしましょう。この政府の政策の狙いは、けっして批判されることではありません。政府が低所得層のことを思って行った政策です。

しかし、価格が7000円に引き下げられれば、家計と企業の行動が変化します。家計は価格が大幅に低下したので、需要をこれまでの1万個より増やし、例えば1万3000個にします。一方、企業は価格が引き下げられたので供給量を抑制し、例えば6000個にするでしょう。ところが、世の中で実際に取引きされるのは需要と供給のいずれか大きくないほうである、というのが誰も崩せない鉄則です。この場合は、供給のほうが取引きされる量を決めてしまいます。つまり、家計に渡るこの財の量は、これまでより4000個少ない6000個になってしまいます。

しかも、この6000個をどのように家計に配分するかという重要な問題が出てきます。

この財に対する需要は、1万3000個にも達しているからです。しかし、世の中にこの財は6000個しかありません。その財が生活する上でかなり重要度の高い財ならば、「闇市場」が発生するはずです。7000円という上限が設定されたのに、それ以上の価格で闇取引が行われます。財は6000個しかないので価格規制のなかった頃より品不足となり、闇の価格は1万円を超えるかもしれません。これだと、何のために価格の上限を設定したのかということになります。この財は、低所得層にとってますます手の届かない財になってしまいます。

同様に価格の下限設定、あるいは取引量の制限も、どのようにもっともらしい政策意図がその背後にあったとしても、どこかで破綻《はたん》をきたします。場合によっては、政策意図とはまったく逆の結果がもたらされることもあります。市場メカニズムを大幅に歪《ゆが》める政策は、人々の経済的な利益を損なう結果しか生み出しません。

しかし、例えばいま紹介したような、低所得層を経済的に支援するという政策は、政府の仕事としては極めて重要です。市場に任せておくだけでは解決されません。それではどうすればよいか。市場と政府の役割については、次章で改めて議論することにしましょう。

第３章
なぜ政府が必要なのか

前章では、市場という仕組みがいかにすばらしいかを説明しました。しかし、その説明が正しければ、経済取引はすべて市場に任せ、政府の介入は不必要になります。はたして私たちは、すべてを市場に任せればよいのでしょうか。

この問題は、2つの側面から考える必要があります。すなわち、市場メカニズムが正しいとしても、その働きを阻害するような仕組みがあれば、政府はそれを取り除かなければなりません。次に、市場メカニズムがうまく働いたとしても、それが人々にとって必ずしも望ましい結果をもたらさない場合は、政府はそれを是正する必要があるでしょう。

つまり、政府には、①市場メカニズムをうまく機能させること、②市場メカニズムではうまく処理できない問題を解決すること、という2つの役割を果たすことが期待されます。本章では、こうした政府の役割について考えていきましょう。

1　市場の「失敗」を補正する政府

†競争を阻害する要因と競争政策

市場メカニズムがなかなか優れた仕組みであることは、第2章で説明しました。しかし、市場メカニズムが経済全体にとって望ましい結果をもたらすとしても、そのメリットがすべての人に均等に発生するわけではありません。例えば、ある町にパン屋さんが何軒かあるとしましょう。パン屋さんはお客さんを獲得し、売上げを伸ばすために、少しでもおいしいパンを、しかも安く売ることを強いられます。それは消費者にとっては非常にありがたいことですが、もうけを追求するパン屋さんにとってはつらい面があります。

パン屋さんにとって、楽をしてもうけられる方法はないでしょうか。最も手っ取り早い方法は、その町におけるパンの販売を独り占めすること、つまり**独占**です。新しいパン屋さんの進出を食い止められれば競争相手がいなくなるわけですから、パンの価格も自由につけることができます。あるいは、パン屋さんどうしで協定を結び、パンの価格を取り決めるという方法もあります。これを**カルテル**といいます。いずれの行為も、消費者にとっては迷惑な話です。高くて、しかもおそらくおいしくないパンを買わされるからです。

まじめに商売をされているパン屋さんには大変失礼な譬《たと》え話を出してしまいましたが、

できれば競争を回避したいという気持ちを企業が抱くことは、やはり人情といえるでしょう。そして、その人情は消費者にとってははなはだ困りものなのです。

そこで政府は、このような市場メカニズムの働きを阻害する企業の行為を禁止したり、制限したりします。その政策を一般的に**競争政策**といいます。この競争政策は、企業の行動を政府が制限する政策ですから、法律的な裏付けが必要になります。それが、1947年に制定され、その後何度か改正された「独占禁止法」という法律です。そして、日本における競争政策の最高責任者は公正取引委員会という役所です。公正取引委員会は、ほかにも不公正な取引きが行われないように絶えず目を配っています。

ただし、市場を1つの企業あるいは少数の企業が支配するからといって、すぐにそれが市場メカニズムの阻害につながるというわけではありません。これが話をややこしくします。例えば、市場がたまたま独占状態にあったとしても、新しい企業がいつでもその市場に参入できるようであればどうでしょうか。独占企業は、潜在的な競争相手と絶えず競争しているのと同じような状況に置かれます。また、ある企業が国内市場を独占していたとしても、世界全体の市場から見れば、その企業は競争状態に置かれているかもしれません。

もちろん、このような「事実上の競争状態」を実現するためには、新規企業が市場に参入する際のさまざまな垣根を低くしたり、外国の企業が国内で自由に販売することを認めたりするなどの方策が別途必要になるでしょう。それさえきちんとされていれば、独占企業は見えざる相手との競争状態につねに置かれることになります。

†自分の行動が相手に影響を及ぼす――外部効果

市場メカニズムは、つねにうまく働くわけではありません。市場メカニズムが、教科書に説明されているように理想的に機能しない状況を、「**市場の失敗**」と総称します。市場も「失敗」することがあるというわけです。この市場の失敗にはいくつかのタイプがありますが、いずれの場合も政府が何らかの形で問題解決に乗り出す必要があります。ここでは、代表的な市場の失敗の例として、①**外部効果**、②**公共財**、③**情報の不完全性**、④**費用逓減《ていげん》**という4つを紹介しましょう。いずれも耳慣れない専門用語ですが、中身はそれほどむずかしいものではないので、気楽に以下の説明に付き合って下さい。

第一に取り上げるのは、経済活動の外部効果と呼ばれるものです。いま、ある財を生産している工場が川に汚水を垂れ流しているとしましょう。汚水は、この川の近くに住んでいる住民にとって迷惑となるだけでなく、公害の発生や生態系の破壊といった深刻な問題を引き起こします。このように、自分のとった行動が、市場メカニズムを通さずに他者に影響を及ぼす効果を外部効果といいます。

外部効果が発生すると、市場メカニズムには望ましくない効果をもたらします。この例の場合なら、工場の生産量、そしてそれに伴う汚水量は、工場主にとっては最適な水準になっているかもしれませんが、社会全体にとっては最適な水準を超えているはずです。簡単に言えば、迷惑行為なのです。

このとき、政府はどのような行動に出るべきでしょうか。工場主に生産量や汚水量の抑制を命じたり、罰金を科して制限したりする必要があります（やや奇異に思えるかもしれませんが、生産量や汚水量を抑制してもらう代わりに工場主に補助金を渡すという方法も考えられます）。つまり、市場に任せるのではなく、政府が乗り出していかなければなりません。

一方、外部効果は、他人にとって望ましい方向に作用することもあります。学校教育がその代表的な例です。学校に通い、教育を受けることは本人にとって有益であるだけでなく、生産性が高まるなど社会全体にとっても望ましいことです（実際には、世間の親は「勉強するのは、自分のためなのよ」といって子どもに勉強させますが）。だから、政府が教育に財政的な支援を行い、教育を受けやすくする環境を整えることが重要になります。同様に、予防接種や健康診断など保健衛生もプラスの外部効果が発生する分野です。そのために、ここでも政府の支援が行われています。

†独り占めできないけれど必要なもの——公共財

市場に任せておけば、なかなか提供できないという財やサービスもあります。

例えば、図書館を考えてみましょう。図書館があると便利ですから、必ず人々の需要があります。しかし、図書館は独り占めして利用することはできません。何人もの利用者が同じ本を借りたり、閲覧したりします。これは、買えばただちに自分のものになる財やサービスとは大きく異なる点です。

そのため、「図書館を建てますからいくらかお金を出して下さい」と言われても、私たちはほかの人たちも使うということを考慮して、あまり多くのお金を出そうとはしないでしょう。皆がそう答えると、図書館はそれほど必要ではないと判断されて、貧弱な図書館しかできないかもしれません。

この図書館のように自分で独り占めできず、多くの人が同時に利用できる財やサービスを、一般に公共財と呼びます。この公共財については、人々は自分にとってそれがどれだけ必要かということを、価格という形で正確に表明せず、低めの評価をしがちです。独り占めできないからです。また、公共財に対する金銭的な評価は、私たち一人一人による評価を積み上げる形で行われます。そのため、市場メカニズムに任せておくと、人々が真に求めている量が供給されなくなります。だからこそ政府が、私たちから集めた税金を元手にして公共財を供給することになります。

この公共財には、さまざまなものがあります。ここでは図書館の例を出しましたが、公共施設や道路なども代表的な公共財です。ただし、実際には、どのような公共財を供給すれば人々のニーズに合致するのか、費用の負担をどうすべきかといった問題が公共財にはついて回ります。

†中身がよくわからない財やサービスの取引き——情報の不完全性

市場がうまく機能しないケースとしては、市場で取引きされている財やサービスに関して、情報の不完全性が問題になる場合もあります。その財やサービスの内容や特徴に関する情報が不十分であれば、私たちはそれを価格でどのように評価してよいか、ずいぶん迷ってしまいます。

例えば、消しゴムを買う場合はどうでしょうか。もちろん、私たちは消しゴムがどのような材料をどのように加工すればできあがるか、よく知りません。しかし、消しゴムを使ってゴシゴシとこすれば、鉛筆で書いた字ならきれいに消せる、ということは知っています。その情報にもとづいて、1個50円なら安いとか、高いとか、あるいはそれくらいの価格なら手頃だなどと判断するわけです。それで特に支障は出てきません。つまり、消しゴムについては、私たちは購入するかどうか判断を下すのに十分な情報を持っています。

ところが、ある病気にかかり、薬を買う場合はどうでしょうか。ある錠剤を見せられたとき、それが病気に効くのか、それとも毒薬なのか私たちは十分な知識を持っていません。その意味で、私たちの持っている情報は不完全です。そして、安心できなければ、その薬を買って飲もうとは思わないでしょう。そのために、病気はなかなか治らなくなるかもしれません。

しかし、政府が適切な検査によってその薬の効果や安全性をチェックし、その上で販売を許可していればどうでしょうか。私たちはその薬を安心して購入し、服用することができます。このように、取引きされる財やサービスについて情報が不完全なとき、政府が乗り出してきてその問題を解決することがあります。

†生産するほどコストが低下する場合——費用逓減

市場の失敗が起こるケースの最後として、第1章でも少し説明した費用逓減《ていげん》を取り上げることにしましょう。

いま、ある市場に参加している企業が、生産すればするほど、製品1単位当たりの費用が低くなるという状況に直面しているとします。こういう状況は、珍しいことではありません。電力産業はその典型的な例です。発電所や送電設備など電力を供給するためには多大な装置が必要になりますが、電力を使用する家庭や事業所が増えれば増えるほど、単位当たりの生産費用は低下していきます。こうした状態を費用逓減といい、そうした性格を持っている産業を費用逓減産業といいます。

費用逓減産業の場合は、複数の企業に競争させるよりも、競争を制限したり、あるいは独占させたりしたほうが社会全体にとって望ましい場合があります。規模の小さな企業に競争をさせても、単位当たりの生産費用が高ければ、製品の価格はそれほど下がりません。むしろ、競争を制限し、規模の大きな1社あるいは少数の会社に生産を任せたほうが、製品の価格は低くなります。

日本の高度経済成長の時代は、企業が欧米諸国から生産技術を積極的に導入して生産コストの削減に日々努めていました。それが、日本の産業の国際競争力の強化につながり、高度経済成長をもたらしたということは、高校の「政治・経済」でも教わるはずです。しかし、それと同時に重要なのは、多くの産業において、生産すればするほど単位当たりの生産費用が低下するという費用逓減状態になったということです。産業が費用逓減状態になれば、政府としては多くの企業に競争させるよりも、その産業への新たな参入を規制したほうがよいという理屈になります。

この説明は魅力的です。経済学では、「市場に任せよ」という言い方をよくしますが、その言い方はつねに当てはまるわけではなく、むしろ政府が積極的に市場に介入したほうが望ましい場合もある、ということになるからです。

ただし、筆者は、このような考え方を手放しで受け入れるわけにはいかないと考えています。政府による規制は、一歩間違うと既存の産業の利益を優先する結果に終わってしまいがちです。しかし、より重要な点は、費用逓減という状況は、時代の流れとともに大きく変わっていくということです。ある時代には費用逓減状態であって政府の規制が正当化されても、別の時代にはそうした状況が当てはまらなくなるということも十分に考えられます。

高度経済成長時代には、情報通信産業は大規模な設備を整える必要がある典型的な費用逓減産業でした。そのため、NTTの前身である日本電信電話公社（電電公社）が独占的な地位を占めていました。しかし、最近では、IT技術の急速な進展のおかげで、情報通信産業に新規参入するためには多くの費用を必要としなくなっています。そうなると、たとえ費用逓減的な状況が少しは残っているとしても、積極的に新規参入を認めてしまったほうが、企業間の競争によって利用者が支払う料金が引き下げられていく可能性が高くなります。実際、情報通信産業は、参入規制の緩和によって料金が大幅に引き下げられている産業分野です。

†規制緩和の考え方

以上、市場はしばしば失敗すること、そして、その市場の失敗を軽減するために政府が乗り出す必要のあることを説明してきました。ところが、実際にはむしろ**規制緩和**という言葉を聞く機会のほうが多いと思います。規制緩和とは、要するに市場メカニズムに対する政府の介入をできるだけ弱めることを意味します。それでは、なぜ規制緩和が必要になっているのでしょうか。

最も基本的な理由は、政府の介入を必要としていた、あるいはそれを正当化していた根拠が、時代の変化とともに薄れてしまい、むしろ市場の働きを弱める部分が出てきたということに求められます。例えば、先ほど紹介した情報通信分野における規制緩和は、急速な技術革新によって費用逓減状態が弱まり、むしろ新規参入をしたほうが利用者にとって望ましいと考えられるようになったことが、それが進められた背景となっています。

ただし、規制緩和はけしからん、という主張が根強く残る分野も存在します。そういう分野の特徴は、規制を緩和したときのメリットが利用者に薄く広くしか発生しないのに対して、規制を緩和すると大きく利益が引き下げられる人たちが、社会全体からみれば少数であるにせよ存在し、しかもその人たちの政治的な発言力が大きい分野です。ここで紹介した情報通信分野などの場合は、規制緩和のメリットが目に見えて発生するので、それを支持する声が、規制によって得られる権益を守ろうとする主張を屈服させることができました。ところが、そうでないケースも少なくありません。

さらに、国や自治体のお金が一部投入され、自分がそのサービスの費用を全部は直接支払わない仕組みになっていると、規制緩和のありがたみはあまり実感できません。そのため、規制によって保護されている人たちの主張が前面に出ることになります。もちろん、そういう人たちは、自分たちの利益を守るために規制が必要だとはまず言いません。消費者のために規制が必要だと主張します。しかし、規制が消費者にとって必要かどうかは、消費者自身が最終的に判断すべきことなのです。

ちょっと規制緩和に肩入れしすぎたような文章になってしまいました。しかし、筆者は、無条件で市場メカニズムの機能に期待する、手放しの市場原理主義も正しくないと思います。なぜなら、第一に、市場の失敗が存在せず、市場メカニズムがうまく機能していたとしても、政府が果たすべき役割はきちんと残っているからです。その代表的な例は、所得を再分配することです。第二に、市場が理想的に機能していたとしても、それにはかなり時間がかかり、需要と供給の不均衡が長い間続くようであれば、政府は何らかの対応をする必要があります。そうした政府の役割を、経済の安定化と呼んでおきましょう。

以下では、政府が果たすべきこの2つの役割について議論を進めることにします。

2 高所得層から低所得層への所得再分配

†公平性という観点

市場メカニズムは、限られた資源を最も効率的に配分するきわめて優れた仕組みです。そして、市場メカニズムが十分機能していれば、人々は社会における生産活動に貢献した分だけを報酬として受け取ることができます。これはなかなか公正なルールです。性別や国籍、出身地、親の職業などに関係なく、みんなが共通の土俵の上で平等に勝負できる社会は、「**機会の平等**」が維持されている社会といえます。市場メカニズムが基盤になっている社会は、この「機会の平等」が成り立ちやすい社会といえるでしょう。そして、社会に貢献した分だけ報酬が得られるという約束を功績原理といいます。この原理があるからこそ人々は一所懸命働こうとするわけです。

しかし、一所懸命働いても、そこは人間です。同じ先生の授業を受けているのに成績のよい生徒とそうでない生徒が出てくるように、働いて得る賃金にも差が生まれてきます。その差は若いうちはそれほど大きくないかもしれませんが、歳をとるにつれて大きくなります。事業に成功して大金持ちになり、多くの子どもや孫たちに囲まれて豊かな老後を送る人がいると思えば、衣食住もままならないという人もいます。

こうした所得格差は、市場では解決されません。むしろ、人々の能力が市場で正確に評価され、それに応じて賃金が支払われるようになると、所得格差はよりはっきりとした形で出てきます。市場は、競争の結果発生する「結果の不平等」については何も手を打とうとはしません。いくら「市場に任せよ」といっても、任せて解決できない問題があるのです。

「世の中は不平等より平等のほうがよい」という考え方は、もちろん程度の差こそあれ、私たちの頭の中にあります。この考え方を**公平性**の観点といいます。市場は、限られた資源を最も有効に活用するという効率性の面では高い点数が与えられますが、公平性の面ではあまり得点を稼ぐことができません。

だから、そこに政府の仕事が出てくるわけです。市場でのさまざまな経済活動の結果、得られた所得の高かった人から政府がいくらかを徴収し、残念ながら所得の低かった人にそれを再分配するという、**所得再分配**が政府の仕事として生まれます。所得再分配のためには、所得の高い人ほど税率を高めたり、所得の低い人は生活保護の対象にしたりする仕組みが考えられます。

経済学者の中には、「能力」の違いによって発生した所得格差は是正する必要があるが、「努力」の違いによって発生した所得格差は是正する必要はない、と整理する人たちもいます。考え方としては一理ありますが、筆者はそれに全面的には賛成しません。能力と努力は、そんなに簡単に区別できないからです（努力できるというのも能力の1つです）。また、市場は、個々人の努力の差を完全に正確に評価できるわけではありません。

どちらにせよ、所得再分配の仕組みを機能させるためには強制力が必要です。高所得者の中には、低所得者のことを気の毒に思って自分の稼いだ所得の一部を自発的に寄付するという、慈愛に満ちた人たちもいるにはいるでしょうが、すべての人がそうだとは限りません。有無を言わせず、お金を拠出させる必要があります。政府は、税金という形で人々から強制的にお金を集めることのできる、唯一の合法的な組織です。

†どこまで公平性を追求すべきか

ところが、政府に所得再分配を担当させるとしても、どこまで所得再分配を進めるかという重要な問題が残っています。ここでは、両極端の考え方を紹介しましょう。

1つは、その社会を全体として見た場合、人々が得た所得の総額が高ければ高いほど、その社会は幸福だとみなす考え方です。これを**功利主義**的な考え方といいます。高校の「倫理」でも、功利主義という言葉は**ベンサム**(J. Bentham, 1748-1832) というイギリスの思想家の名前とともに登場すると思います。

この功利主義という立場をとると、社会全体の幸福は所得から得られる個人の幸福を合計したものになります。その合計が最大になるのであれば、個人の所得や幸福に格差があったとしても、所得再分配によってそれを積極的に是正しようという発想は出てきません。ベンサム先生がそこまで極端なことを言っているわけではないのですが、経済学では功利主義をこのように特徴づけることがよくあります。

もう1つは、世の中で最も所得の低い人の幸せによって、その社会全体の幸せの度合いが決定されるという考え方です。この考え方は、アメリカの政治哲学者**ロールズ**(J. Rawls, 1921-2002）によって打ち立てられました。この考え方を採用すれば、所得はなるべく平等に分配されている状況が望ましいということになります。所得がどのように分配されているかという点に無頓着な功利主義的な発想とは、百八十度異なる考え方です。

私たちの公平性に対する考え方は、おそらくベンサム的（功利主義的）立場とロールズ的立場の中間に位置するでしょう。もちろん、人によって見方は違うでしょうし、具体的な名前は出しませんが、政党によってもどちらの立場に近いかという違いが出てきます。社会全体にとっての公平性についての認識は、その社会を構成する人々の平均的な考え方を反映するはずです。

しかし、公平性をどの程度追求するか——より現実的な問題としては、政府にどこまで所得再分配を行わせるか——という選択は、効率性との兼ね合いで考えなければなりません。例えば、公平性をあまりに極端に追求すればどうなるでしょうか。どんなに働いても税金という形で政府に稼いだお金を徴収されてしまい、みんな同じ給料になるということだと、誰も一所懸命には働こうとしなくなります。社会全体の生産量は落ち込み、しかも、生産を上向かせようとする誘因はどこからも出てこないので、品不足や闇取引が頻繁に起こります。かつての社会主義諸国が体制を維持できず、市場経済に移行したのも、公平性をあまりに追求し、効率性への配慮がおろそかになった結果と言えるでしょう。

†どこまで効率性を追求すべきか

その一方で、効率性だけを極端に追求しても問題が出てきます。いまでは、成果に応じて賃金を支払うという「**成果主義**」の風潮が高まってきました。成果をあげた分だけ給料が上がるからやる気が出てくる、それで会社の利益も高まるという点では、成果主義は確かに望ましい仕組みです。しかし、世の中には相対的に能力の劣る人もいます。がんばっても成果があがらなかった人もいます。そうした人たちに「給料が低いのは、あなたが成果をあげられなかったからだ」と言っておしまいという世の中は、はたして住みよい社会でしょうか。企業の論理からすれば――あるいは広く市場の論理からすれば、と言ってもいいでしょうが――成果主義は理に適《かな》った仕組みではありますが、そこで発生する所得格差については、政府によるある程度の是正が必要だと私たちは考えるはずです。

効率性と公平性、その一方だけを追求することは望ましくありませんし、そもそも不可能です。この両者は、一方を目指せば他方がおろそかになるという、**トレードオフ**（二律背反＝一方を立てれば他方が立たず）の関係になることも少なくありません。しかし、両者をどのように組み合わせるかという問いについては、経済学は残念ながら、誰もが納得できる答えを示すことはできません。「なんだ、経済学なんてたいしたことないじゃないか」と思う読者も少なくないでしょう。しかし、世の中の議論を見ていると、どちらか一方に偏った議論ばかりが目立ちます。対立する議論の〝交通整理〟を行い、客観的に比較する枠組みを提示すること、これはやはり経済学の強みなのです。

それでは、効率性と公平性の組み合わせはどのようにして決められるのでしょうか。結局のところ、その社会を構成する人たちの多数意見によって決まる、というしかありません。ただし、これまでの日本では、両者がトレードオフの関係にあるという点が、十分認識されていなかったように思われます。経済の効率を高め、経済成長を目指していけば、余分に生まれたお金で所得格差も解消できるという状況が続いたからです。しかし、これからはどうでしょうか。経済成長のペースが落ち込んでいけば、経済の効率性を高めていくことで公平性も追求できるという状況はなくなります。両者の間に成立するトレードオフの関係は、今後ますます明瞭になっていくでしょう。

読者の皆さんは、経済学が効率性と公平性という2本の評価軸を持ち、そのバランスをどのようにとるかという点に力を注いでいることを、この際、ぜひ覚えておいてください。

†日本における所得格差と所得再分配

それでは、日本の所得格差はどの程度なのか、また、それが所得再分配によってどこまで改善されているのか簡単に見ておきましょう。

私たちは、会社などで稼いだお金のうち一部を税金や社会保険料として政府に納めます。とりわけ税金は、所得の高い層ほど税率が高くなります。一方、私たちは政府からお金を受け取ります。例えば生活に困れば生活保護を受け、高齢になれば年金をもらいます。私たちが社会保障の仕組みを通じて政府から受け取るこうしたお金を**社会保障給付**といいます。また、お医者さんにかかれば、医療費のうち窓口で支払う自己負担分を除いたお金が、医療保険という仕組みからお医者さんに支払われます。その分は、間接的ではありますが、政府から私たちが受け取ったものとみなしてよいでしょう。このような税と社会保障の制度によって、私たちの所得は再分配されています。

税金や社会保険料の支払い、そして社会保障給付などの受け取りが行われる前の所得を当初所得といいます。そして、その当初所得から税や社会保険料を差し引き、社会保障給付金などを加えた所得を再分配所得といいます。所得を年金だけに頼り、賃金労働者とし

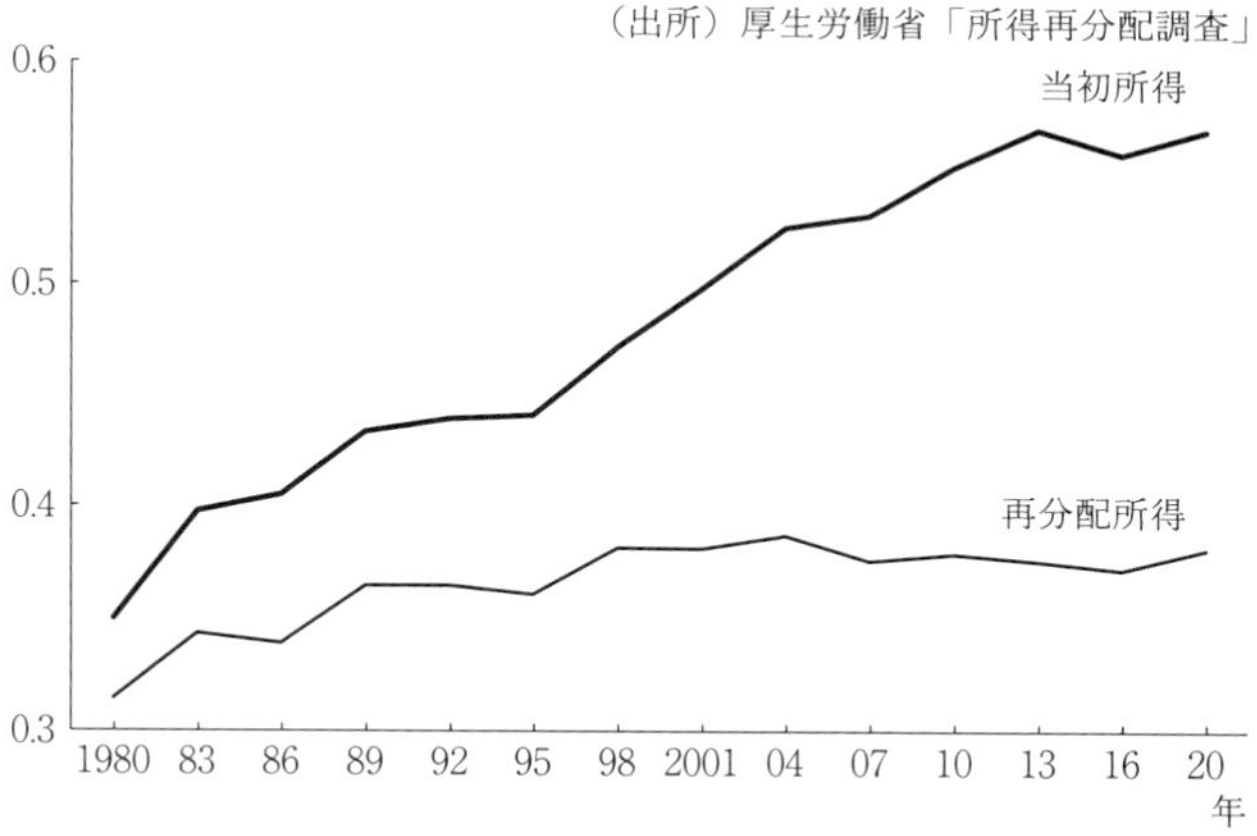

図6　所得格差を示すジニ係数の推移

て働いていない高齢者の場合は、当初所得はゼロ近くになりますが、再分配所得は年金のほか、医療・介護サービスの給付を反映した水準になります。

一方、所得格差の度合いを測る代表的な指標として、**ジニ係数**というものがあります。この指標は0から1までの値をとります。所得が完全に平等に分配されていれば0、1人が独占している場合が1となります。**図6**は、このジニ係数の過去40年ほどの推移を調べたものです。この図からわかるように、当初所得で見るとジニ係数はどんどん上昇しています。その一方で、再分配所得で見ると、ジニ係数はとりわけ2000年代に入ってからはほぼ横ばいで推移しています。両者の差は税や社会保障などの所得再分配で説明できるので、日本の再分配政策は格差拡大の抑制にかなり貢献しているように見えます。

しかし、こうしたジニ係数の解釈には注意が必要です。まず、当初所得で見たジニ係数の上昇は、所得の低い高齢層の比率が高齢化によって高まり、所得の高い若年層との所得格差が社会全体で重みを増してきたことでかなり説明できます。したがって、単純に「日本の格差拡大は深刻だ」とはいいにくい面があります。実際、私たちの生活にとってより重要な再分配所得で見ると、格差が拡大する傾向は明確には確認できません。

しかし、だからといって、再分配政策がうまくいっていると手放しで喜ぶわけにもいきません。高齢化という要因が、その裏で大きく働いているからです。

この点は、詳しく説明しておきましょう。年金や高齢者医療・介護などの社会保障制度は、（平均所得の高い）若年層から（平均所得の低い）高齢層へというお金の流れを生むのですが、その流れが高齢化の進展で自動的に膨らみます。その結果、若年層と高齢層との間の格差縮小が進んで、社会全体のジニ係数も低下するのですが、これはむしろ高齢化がもたらした機械的な効果だといえます。同じ年齢層の間で、所得の高い層から低い層への所得再分配がうまくいっている、ということを示しているわけではありません。実際、日本の貧困問題は、一人住まいのお年寄りや、シングル・マザーなどひとり親の子育て世帯で見ると、ほかの先進国に比べて深刻なことが知られています。

所得格差をめぐる議論はその人の立場によっていろいろ変わり、統計も表面的・恣意《しい》的な解釈がされることが多いので、十分注意する必要があります。

3　経済を安定化するという役割

†価格はなかなか下がりにくい

市場メカニズムが理想的に働いたとしても、政府が果たすべき役割はやはり存在します。そのうちの1つが、所得の再分配であるという点についてはすでに説明しました。次に、経済の安定化という政府に期待されている役割について考えてみましょう。

需要と供給がバランスするように、価格の調整が進む――それ自体は望ましいことです。しかし、価格の調整は、そう簡単には進まないのが普通です。なぜ価格は簡単に調整されないのかという点については、昔からさまざまな仮説が打ち出されてきましたが、決定打と呼べるようなものはまだ見当たらないようです。

なかなか変化しないのは、品物の価格だけではありません。お父さんやお母さんが受け取る給料（賃金）もそうです。会社の売上げは毎月変動しているはずなのに、銀行に振り込まれる給料の額はある程度決まっています。給料が高くなる分には誰も文句を言わないでしょうが、下げられると怒る人が出てきます。従業員に支払う給料が簡単には下げられないとすると、企業は自分のところで生産している品物の価格も大幅に引き下げることはできません。

このように、財やサービスの価格、そして賃金は、教科書に書いてあるようにスムーズには変化しません。これは、価格を通じた需要と供給のバランス調整が、それほど円滑に進まないことを意味します。その場合、市場ではどのようなことが起こっているでしょうか。景気が悪いときに価格がスムーズに低下しないと、いつまでたっても需要が供給を下回り続け、売れ残りがなかなか消えません。

†ケインズと「有効需要の原理」

この関係は、どうやら経済全体でも成り立っているようです。以下では、経済全体における財やサービスの需要の合計を**総需要**、供給の合計を**総供給**、そして財やサービスの価格をまとめてみたものを**物価**と呼ぶことにします。

前項の説明によると、経済活動の水準を決定づけるのは、少なくとも短期的には、総供給ではなく、総需要であることがわかります。この考え方を「**有効需要の原理**」といいます。「有効（effective）」という言葉は説明がむずかしいのですが、「実際に発生している」総需要、と受けとめておけばよいでしょう。

有効需要の考え方は、イギリスの偉大な経済学者**ケインズ**（J. M. Keynes, 1883-1946）によって初めて打ち立てられた考え方です。この考え方は、『雇用・利子および貨幣の一般理論』という1936年に刊行された本にまとめられています。ケインズの考え方については、多くの優れた解説書があるので、興味のある読者はそちらをお読み下さい。

ケインズが登場するまでの経済学は、価格による需給調整メカニズムを当然のこととしていましたから、価格はなかなか動かないとするケインズの考え方は大きな衝撃を与えました。そもそも、経済全体の総需要が不足していても、いつまで経っても物価は下落せず、したがって失業者も残ったままであるという現実は、それまでの理論では説明がつきません。むしろ、総需要が不足して売れ残りが発生していても、物価が下落して結局全部売り切れる、つまり、経済全体の活動水準は総供給が決定するのだという考え方――これを「**セイの法則**」といいます――がそれまでの経済学の一般的な発想だったのです。

ケインズ経済学の誕生は、それまでとは大きく異なる経済学を生み出すことになりました。価格を中心とした市場メカニズムの解明を中心とする経済学では十分解明できない問題、すなわち、なぜ経済全体でみて需要と供給はなかなかバランスしないのか、バランスしないとすれば政府はどのような役割を果たすべきなのか、そうしたテーマを扱う経済学が生まれたのです。そのような経済学を**マクロ経済学**と呼びます。

マクロ経済学は、現在では大学でごく普通に教えられています。また、ケインズの考え方と対立する考え方もその中で説明されています。「**ケインジアン**」対「**古典派**」という対立の構図です。ここで、古典派と呼ばれる人たちは、市場の価格調整メカニズムを、ケインジアンほどには否定的に見ません(この古典派の考え方は、その後「新古典派」として発展しています)。したがって、経済政策のあり方に対しても、両者の間で意見が対立することがしばしばあります。

しかし、マクロ経済学という議論の土俵がケインズによって打ち立てられたことは否定できません。そして、その歴史は100年にも満たないのです。

†失業者を減らすには

「有効需要の原理」が正しいと想定すると、政府の果たすべき役割が非常にはっきりしてきます。世の中のさまざまな分野で価格の調整がうまく進み、総需要と総供給がすぐにバランスするような状態を想定すれば、政府が積極的に市場に乗り出すべき場面は非常に限定されることになります。しかし、有効需要の原理が想定する世界においては、総需要と総供給は一致しないのが普通です。だから政府が積極的に乗り出していかなければなりません。

いま、経済が深刻な不況に陥っているとしましょう。その場合、会社は雇い入れる従業員をできるだけ抑制しようとします。つまり、労働に対する需要が落ち込んでいます。どの会社でもそのような状況であれば、社会全体における労働需要は低い水準にとどまります。しかし、世の中のほとんどの人たちは、働かなくては食べていけません。働きたいと思う人たちがたくさんいれば、つまり労働供給が十分にあれば、仕事にありつけない人たちが出てきます。働きたいのに働けない人たちを失業者といいますが、労働需要が労働供給を下回った分だけ失業者が発生することになります。

失業者が存在しているとき、市場メカニズムが教科書通りに働けば、賃金が低下します。賃金が低下すれば、「賃金が下がったのなら、従業員を少々増やしてもかまわないだろう」という経営者も出てくるでしょう。労働に対する需要が回復して、失業者は減少します。

しかし、賃金がなかなか低下しなかったらどうなるでしょうか。すでに会社に雇われている人が、賃金の引き下げに抵抗するかもしれません。その場合、いつまで経《た》っても世の中には失業者が存在し続けることになります。失業者はフトコロに余裕がありませんから、たくさんの買い物をすることができません。その分、会社の売上げも伸びませんから、労働に対する需要も低迷したままです。

この場合、「放っておけばよい」というのも、1つの考え方です。いくら賃金の低下が円滑に進まないとしても、時間が経てば調整は進むでしょう。いずれ失業者は、低くなった賃金で雇用されるはずだという見方もあります。しかし、人々はそんなに長い間、失業状態に置かれることに耐えられません。今日、明日の生活に困っているのに、「時間が経てば失業はなくなる」と言われても、当事者にとっては何もうれしくありません。「では、オレの代わりに失業してみろ」と言いたくなります。

失業を放置することは、社会全体にとって望ましいことではありません。経済から活気が失われるだけでなく、仕事のある人とない人の間で所得格差が拡大します。したがって、政府に何らかの対応が求められます。これが、政府の経済政策の重要な役割です。

†政府による需要の調節

政府はどのような経済政策を行うべきか——この問題を考えるためには、いままでの道具立てでは十分ではありません。経済全体の構造を把握するマクロ経済学という土俵が必要になります。しかし、そこまで話を進めなくても、失業を減らすために政府がとるべき政策については、賢明な読者ならもうある程度の察しがつくのではないでしょうか。

結論を言えば、労働に対する需要が不足しているのだから、その需要を喚起するような政策を行えばよい、というのが1つの発想です。世の中で失業している人たちにも働いてもらえるようにするためには、例えば次のような方法があります。

第一は、政府が自ら雇用機会を創出することです。図書館や福祉施設、道路や港湾など公共施設を建設するプロジェクトを立ち上げ、そこで人々に働いてもらいます。その人たちの給料は、政府が支払います。政府にそんなお金があるのかと疑問に思えてきますが、国民から集めてきた税金を使うこともできるし、それでも足りない部分は借金をして調達することもできます。公共工事には多くの資材が必要ですが、その資材に対する需要も増えるので、そこからも労働需要が高まっていきます。極端なことを言えば、空き地に穴を掘って、そしてその穴を埋めるために人を雇うことも、失業対策としては是認されることになります（本当にそうでしょうか？）。

第二は、政府が直接的に雇用機会を創出しないまでも、企業や家計に財やサービスをこれまで以上に購入するように仕向ける政策が考えられます。企業や家計が財やサービスの購入を増やせば、その生産のために従業員の雇用を増やす必要が出てくるでしょう。

このタイプの政策には、いくつかのものが考えられます。例えば、国民が納める税金の額を減らせば、私たちはフトコロ具合がその分楽になるので、買い物を増やすはずです。また、企業や消費者が銀行からお金を借りる場合、利子（金利）を支払わなければなりませんが、その金利を引き下げれば、お金を借りて機械の購入を増やす企業や、買い物に精を出す消費者も出てくるでしょう。

いずれも、財やサービス、そして労働に対する需要を政府によって喚起する政策です。通常、景気対策と呼ばれている政策は、すべてこのタイプの政策と考えてまず間違いありません。世の中で働きたいと思う人がすべて職についている状況を**完全雇用**といいますが、その状態がつねに達成されるわけではありません。そこで政府が乗り出し、その完全雇用の達成を目指すことになるわけです。景気対策をもう少し経済学っぽく表現したものとして、「総需要管理政策」「有効需要政策」という言葉もありますが、内容は同じです。

逆に、景気がよくなって人手が足りない場合はどうでしょうか。今度は、総供給より総需要のほうが大きく、賃金や財やサービスの価格がどんどん上昇します。これも望ましいことではありません。世の中の物価が上昇するので、放っておくとお金の価値が低下します。だとしたら今のうちに品物に換えておこうという人が増えるので、さらに物価が上昇します。

こうした状態を回避するためには、先ほどのケースとは逆に、政府が世の中の総需要を弱める必要があります。つまり、政府には公共工事を抑制したり、減税ではなく増税を実施したり、あるいは金利を高めにしてお金を借りにくくすることが求められます。

要するに、価格の調整メカニズムに百パーセントの信頼を置くことができないので、政府が総需要の大きさを調節し、経済の安定化を図るというのがここで求められている政府の役割だということになります。

第 4 章

経済全体の動きをつかむ

経済には市場メカニズムというものがあって、価格が需要と供給をバランスさせ、限られた資源を有効に配分することができる。しかし、市場は万能ではなく、政府の役割が必要になる場面がある。――前章までの議論を簡単にまとめるとこのようになります。経済の仕組みや政府の役割について何となくイメージがつかめた、ということであれば非常にありがたいのですが、本章からはもう少し現実的な話をしたいと思います。

家計や企業の行動、市場メカニズムの働きという、やや抽象的、原理的な話をする経済学を**ミクロ経済学**と呼びます。ところが、私たちの身の回りには、

「景気がなかなかよくならない。毎月の給料が下がって仕方がない」

「銀行にお金を預けても、金利はほとんどゼロだ。どうなっているのか」

「政府は1000兆円を超える赤字を抱えている。返済できるのだろうか」

といった現実的な問題がたくさんあります。こうした問題は、どうもこれまで登場させてきた道具立てでは十分検討できそうにありません。できたとしても、もうひと工夫が必要のように思えます。

そこで登場するのが、先にも少し触れた**マクロ経済学**です。これまでのミクロ経済学の考え方をベースにした上で、家計や企業の個々の行動を集計し、景気、利子率、物価とい

った変数に注目して経済全体の動きを考えることにします。マクロ経済学に話の舞台を移すと、経済問題がより現実味を帯びるようになります。

1 経済全体の大きさを測る

†「景気がよくなる」とはどういうことか

まず、「景気がよくなる」ということは何を意味するのかという問題から始めることにしましょう。経済全体の動きを、私たちはしばしば**景気**という言葉で表現します。「景気がよくなる」とは、平たく言えば経済全体が「元気になる」ことです。好況、好景気、景気拡大といった言葉もあります。景気がよくなるという場合、私たちは次のような3つのうち、少なくとも1つを思い浮かべているはずです。

第一は、「売れ行きがよくなる」ということです。デパートやスーパーマーケット、小売店の売上げが増える、レジャーや旅行に行く人が増える、というように消費者が財やサービスを今まで以上にたくさん購入するようになります。消費者だけではありません。企業も生産のために新たな機械を購入し、場合によっては工場を拡充します。国内で生産された製品が、外国にたくさん輸出されるということもあるでしょう。このように、消費者や企業の買い物、あるいは外国への輸出という形で、財やサービスの売れ行きがよくなることが好景気の第一の特徴です。

第二は、「生産が増える」ということです。売れ行きがよくなるので、企業は生産を増やさなければなりません。そして、生産を増やすためには、企業は今まで以上に従業員を雇い入れるでしょう。すでに働いている従業員には残業をしてもらい、パートやアルバイトを増やし、そして、それでも足りないときは新規採用を増やします。さらに、生産を増やすためには、原材料の仕入れを増やし、生産設備を拡充しなければならないかもしれません。つまり、「生産量が増える」ことは「売れ行きがよくなる」ことにもつながります。

第三は、「所得が増える」ということです。売れ行きがよくなり、生産量が増えれば、企業のもうけも増えるでしょうし、従業員の給料も高まります。残業代やボーナスの上乗せ、基本給の引き上げも期待できます。給料が増えると、消費者は財布のヒモをついつい緩めてしまいます。テレビを買い替えよう、スーツを新調しよう、さらには一戸建ての家を購入しようと思う人も出てくるでしょう。こうして、「所得が増える」ことは「売れ行きがよくなる」ことにもつながります。

このように、「売れ行きがよくなる」「生産が増える」「所得が増える」という3つの側面が同時に起こるのが「景気がよい」と表現される状況です。3つの側面が、バラバラに動くということはありません。これらは互いにつながっています。逆に、「景気が悪い」ときには、「売れ行きが悪くなる」「生産が減る」「所得が減る」という状況が同時に起こっているはずです。

ここで、次のことに気づいてください。まず、「売れ行き」を売り手ではなく、買い手から見ると「支出」と言い換えることができます。そうすると、景気がよい（悪い）ということは、支出、生産、所得の3つがすべてよい（悪い）ということになります。

さらに話を進めましょう。支出、生産、所得は同じ方向に動くだけでなく、すべて同じ大きさになっているのではないか、つまり、支出、生産、所得は、同じものを別の角度から見たものにすぎないのではないでしょうか。実は、その想像は正しいのです。それを**三面等価の法則**といいます。

†生産とは「付加価値の合計」である

人々が支出した額、人々が生産した額、人々が稼いだ所得がすべて等しいという、三面等価の法則は、どうして成り立つのでしょうか。ここは重要な点なので、少し詳しく見ていくことにしましょう。

話を簡単にするために、ある国の経済が、①小麦を生産する「農業部門」と、②その小麦を製粉し、そこでできた小麦粉でパンを生産する「工業部門」だけで構成されているとしましょう。さらに、農業部門は原材料なしで小麦を生産しているとします。また、人々はパンだけを食べて生活していると仮定します（小麦とパン以外の財やサービスはすべて無視します）。

いま、**図7**に示したように、小麦（農業部門）とパン（工業部門）の生産額（＝売上高）がそれぞれ4兆円、10兆円だったとします。このとき、この国全体の生産額は合わせていくらでしょうか。小麦とパンの生産額を足し上げて、14兆円と答えたくなるところですが、それは間違っています。パンの生産のために小麦が原材料として使われており、パンの生産額の中に小麦の生産額が含まれているからです。そのため、単純に両者の生産額を足し

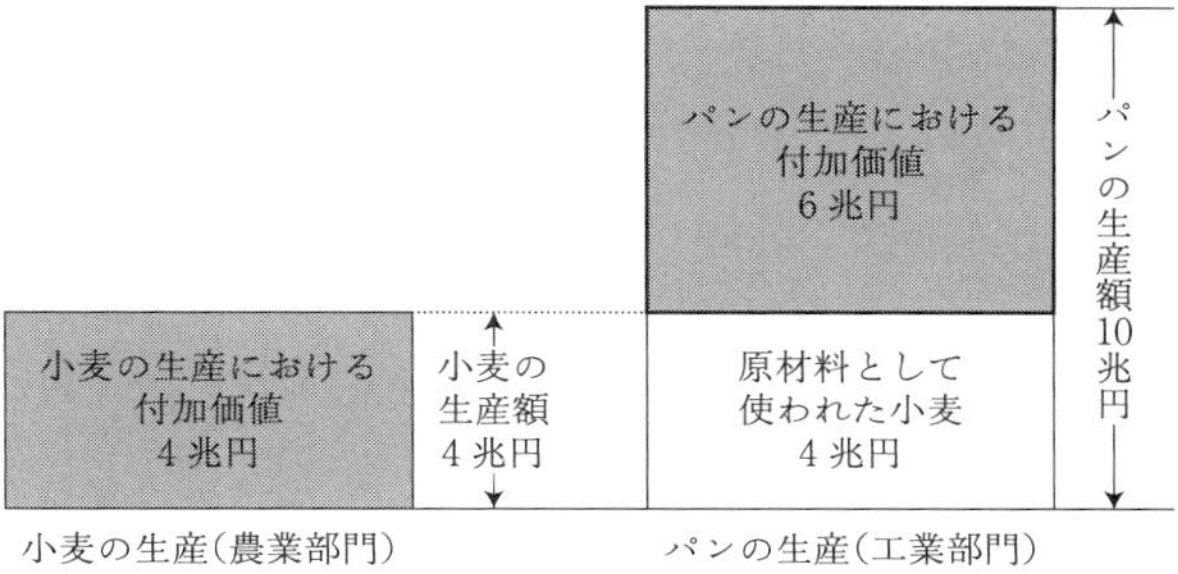

図7　小麦とパンの生産と付加価値

上げると、小麦の生産額が二重にカウントされることになります。

この二重計算の問題を回避するにはどうすればよいでしょうか。経済学は、**付加価値**という概念を登場させます。10兆円というパンの生産額は、4兆円という小麦の価値に、その小麦からパンを製造した手間賃を上乗せしたものです。その手間賃を、パンの生産のために新たに付け加えられた価値という意味で付加価値といいます。したがって、この場合、パンの生産で発生した付加価値は、10兆円から4兆円を差し引いた6兆円です。一方、小麦は原材料なしで生産されると想定すれば、4兆円という小麦の生産額はそのまま小麦の生産で発生した付加価値になります。

そこで、経済全体における生産の大きさは、このような付加価値の総和として示すことにしましょう。そうすれば、右に述べたような二重計算の問題は回避できます。この国の場合なら、一国全体の総生産額を単に「生産」と表記することにより、

生産＝パンの生産で発生した付加価値＋小麦の生産で発生した付加価値
＝6兆円＋4兆円＝10兆円

となります。

†三面等価が成り立つ理由

次に、こうして計算された生産が所得に等しいことを説明しましょう。パンの生産で発生した付加価値6兆円は、誰のフトコロに入るでしょうか。工業部門でパンの生産に携わった人たちが受け取ります。つまり、6兆円は彼らの所得になります。同様に、小麦の生産で発生した付加価値4兆円は、農業部門で小麦の生産に携わった人たちの所得になります。したがって、この国の人たちが得た所得の総額は、付加価値の合計、すなわち生産の大きさ10兆円に必ず等しくなります。

最後に、支出に目を向けてみましょう。この国では、人々はパンだけを食べて生活していると想定していました。したがって、パンの生産に携わっている人たちは、得られた所

得6兆円をすべてパンの購入に充てるでしょう。一方、小麦の製造に携わっている人たちも、得られた所得4兆円でパンを購入します。したがって、この国の支出の総額は、6兆円と4兆円の合計である10兆円となります。この10兆円は、この国で生み出された生産の総額に見事一致しています。

こうして、付加価値の合計として生産を捉えるかぎり、生産、所得、支出はすべて同じになることが確認できました。つまり、三面等価の法則が示されたわけです。もちろん、右に紹介したのは極めて単純化された経済の例ですが、実際の経済においてもこの法則は必ず成り立ちます。

＊右の例では、人々は稼いだ所得をすべてパンの支出に費やしていました。しかし、実際には、人々は所得のうち一部を使わずに銀行等に預けます。そのため、所得と支出は一致しないように思えるかもしれません。しかし、銀行は人々から預かったお金を企業に貸し付けています。そして企業は、そのお金を自らの事業に必要な財やサービスの支出に充てています。したがって、企業の支出も含めれば、所得と支出はやはり一致することになります。

†経済の大きさを測るにはどうすればよいか

さて、生産、所得、支出がすべて一致することがわかったところで、経済の大きさをどうやって測ればよいかという問題を考えてみましょう。

経済の大きさは、**ＧＤＰ（国内総生産**＝Gross Domestic Product）で測ります。ＧＤＰとは、一定の期間（四半期や一年間）に、その国の国内で生産された財やサービスの総額を意味します。そして、その額は付加価値の合計として求められるということはすでに説明しました。しかし、付加価値の合計という形でＧＤＰの動きが説明されることはあまりありません。ＧＤＰは国内総「生産」といいながらも、さまざまな「支出」が組み合わさったものとしてその動きが説明されることのほうが圧倒的に多いのです。

ＧＤＰは四半期に一度、内閣府が公表します。新聞やテレビでもその結果は大きく報道されますが、通常は「○○産業が生産を伸ばしたが、××産業が不振だったので、ＧＤＰはマイナス成長になった」という解説はまずされません。むしろ、「消費は横ばいだったが、設備投資が減少したことが響いて、ＧＤＰはマイナス成長になった」といった言い方をします。

これは、ＧＤＰをその本来の意味のように付加価値の合計としては捉えず、さまざまな形態の支出の合計として捉えているからです。ＧＤＰの動きを右に述べた後者のような形で説明する場合、消費とは家計が行った支出ですし、設備投資とは企業が工場の増改築や機械の購入という形で行った支出を意味します。つまり、私たちがよく耳にするGDPをめぐる議論は、実は国内における支出の総額という概念である**GDE（国内総支出**＝Gross Domestic Expenditure）に関するものなのです。

GDEの中身をより詳しく紹介すると、

GDE＝民間最終消費支出＋民間住宅＋民間企業設備＋民間在庫品増加
＋政府最終消費支出＋公的固定資本形成＋公的在庫品増加
＋財貨・サービスの輸出－財貨・サービスの輸入

という定義になっています。各項目の細かな定義は省略しますが、家計や企業、政府や外国が日本で生産された財やサービスをどのような形態で購入したかが注目されているわけです。例えば、「消費」という場合は、右に書いた式のうち民間最終消費支出を、「(設備)投資」という場合は民間企業設備を指します。同じパソコンでも、家計が購入すれば消費、企業が購入すれば投資として分類されます。さらに、パソコンは外国にも輸出されますが、それは外国に住んでいる人たちが購入したものとして統計上処理されます。

†三面等価の法則――ふたたび

ここで、三面等価の法則をもう一度登場させましょう。生産、所得、支出は必ず一致する、というのがその意味するところでした。したがって、生産を示すGDPと支出を示すGDEも必ず一致します。だから、GDPの動きを消費や投資などGDEを構成する各項目の動きで説明しても、別に間違いではありません。高校の教科書などでも、GDPを消費や投資の合計として説明しているはずです。

しかし、よく考えてみるとこれは少々妙な話です。GDPの動きを説明するのに、人々はなぜGDEの構成項目にわざわざ注目するのでしょうか。実は、理由はそれほど理論的なものではありません。支出サイドの統計のほうがよく整備されているからだ、という極めて現実的な理由によるものです。例えば、消費の場合だと、総務省が「家計調査」という家計の消費動向を調べる調査を毎月行っています。民間企業の投資については、財務省が四半期ごとに公表する「法人企業統計季報」等がその動きをフォローしています。ほかにも多くの月次・四半期統計がさまざまな支出の動きを捉えています。

内閣府の担当者は、そうしたさまざまな統計を駆使してGDEを構成する各項目を推計し、それを積み上げてGDE（＝GDP）の値を算出しているのです。生産（付加価値）よりも支出に注目して経済の大きさを測るという手法は、少なくとも四半期ベースに限っていえば、ほかの先進主要国でも共通のものです。

ところで、読者の中には、三面等価の法則の説明についてもう一つ納得がいかないという印象を受けたまま、本書の説明を仕方なしにここまで追ってきた人がいるかもしれません。というのは、生産と支出は一致するというけれども、実際には、生産された財のうち、誰にも購入されずに売れ残っている財もあるのではないか、と思えてくるからです（サービスの場合は生産と支出〔購入〕が一致するので、売れ残りという問題は起こり得ません）。

安心して下さい。この問題は、きちんと処理されています。さきほど紹介したGDEの構成項目をもう一度見てみましょう。民間在庫品増加、公的在庫品増加という2つの項目があります。このうち、民間在庫品増加がその売れ残りを示した項目なのです。売れ残って倉庫に在庫として積み上げられた財も、企業が購入したと一応みなしてGDEの中に含めているわけです（公的在庫品増加は、石油の国家備蓄や食料安定供給特別会計における政府米の在庫などの変動を示したもので、景気の動きとあまり関係はありません）。このように売れ残りも支出の一項目とみなせば、生産と支出は統計上きちんと一致することになります。

†GDPの「G」って何?

最後に、GDPについて一般にはあまり教えられていないものの、知っていて損はないことを説明しておきましょう。すでに述べたように、GDPはGross Domestic Productの頭文字をとったものであり、国内総生産と訳されるということは、高校の授業で教わるはずです。では、このうち、G、つまり、grossとは何でしょうか。英和辞典には「総体の」「すべての」という訳が出ているし、実際、GDPも国内「総」生産と訳しているのだから、「筆者は何を問題にしているのか」と皆さんはいぶかるかもしれません。

しかし、経済学では、grossは特別な意味を持っています。本節の議論に関する文脈では、**「固定資本減耗**を差し引く前の」という意味です。固定資本減耗とは、すでにある工場や建物など各種設備の維持補修（メンテナンス）のために必要なコストを意味します。生産された財のうちの一部は、すでにある各種設備の補修や部品の交換に用いられ、世の中に新たなものを創出するわけではありません。

*「減耗」は普通、「げんもう」と読みますが、本来の正しい読み方は「げんこう」です。

固定資本減耗のために用いられたこうした財を、生産活動の一部としてカウントするのがgross（「粗」）、差し引くのがnet（「純」）です。実際、社会全体の生産活動のうち固定資本減耗を差し引いた数字は、「国内純生産」（ＮＤＰ＝Net Domestic Product）として公表されています。ＧＤＰも、それに対応して「国内粗生産」と訳してもよいくらいです。

皆さんは、「そんな細かい話、どうでもいいではないか」と思うかもしれません。しかし、２０２１年度のＧＤＰは５５７兆円ですが、固定資本減耗はそのうち１３９兆円、実にＧＤＰの約４分の１に達しているのです（１９８０年度は14％でした）。私たちの経済は維持するだけでもたいへんな手間がかかっており、生産された財のかなりの部分がそのために費やされています。ここまで膨張した経済を将来に向けて維持するのは、とても大変なことなのです。ＧＤＰ全体の数字を見るだけでは、そうした問題の存在に気づけません。

2 景気の動きを捉える

†経済の動きを数字で示してみる――GDP成長率

統計上の定義に関する細かい話はこの辺で終わりにして、景気の良し悪しをどのように判断するかという、もう少し実際的な話に移りましょう。

GDPが経済の大きさを最も包括的に示す指標であるとすれば、そのGDPの変化を見るというのが、景気動向を調べる最も基本的な方法になるはずです。例えば、2025年のGDPが500兆円だったところ、1年後の2026年にはGDPが510兆円になったとします。1年間でGDPは10兆円増加したので、GDP成長率は2％（＝［10兆／500兆］×100）となります。

しかし、ここで注意すべきことが1つあります。GDPが増加したのは、実は財やサービスの価格が上昇したからであって、数量的にはほとんど伸びなかったからかもしれません。景気の良し悪しを正確に判断するためには、物価の変動を取り除く必要があります。

ＧＤＰの計算ではまず、基準となる年（ＧＤＰの場合は「参照年」といいます）から物価が何倍になったかを**ＧＤＰデフレーター**として計算します。具体的にいうと、まず、いま問題にしている年に購入したすべての財やサービスを、その前年の価格で購入したらどうなるかを計算し、その値で実際の支出額を割ります。この計算を参照年の翌年から問題にしている年まで繰り返し、そこで得られた値をすべて掛け合わせます。そうすることで、その年の物価が参照年の何倍になったかがわかります。これが、その年のＧＤＰデフレーターです。物価の変動を取り除く前のＧＤＰを名目ＧＤＰといいますが、名目ＧＤＰをこのＧＤＰデフレーターで割ったものが実質ＧＤＰです。

以上の点を、簡単な例で示したのが**表1**です。ここでは、ＧＤＰ（ＧＤＥ）が鉛筆と消しゴムへの支出だけで構成されています。参照年の２０２５年と２０２６年、２０２７年におけるそれぞれの価格と数量が第1段に示してあります。名目ＧＤＰは鉛筆と消しゴムへの支出額を単純に合計すればよく（第2段）、その成長率も簡単に得られます（第3段）。

次に、第4段のＧＤＰデフレーターを見てください。２０２５年は参照年なのでその値は1です。２０２６年の物価は、同年の数量を基準にすると２０２５年の１・０７倍にな

表1　名目GDP・実質GDPとGDPデフレーター

参照年＝2025年

	単価		購入数量	
	鉛筆	消しゴム	鉛筆	消しゴム
2025年	10円	50円	500本	100個
2026年	11円	52円	510本	100個
2027年	12円	51円	505本	105個

□名目GDP

2025年	10×500＋50×100＝10,000円
2026年	11×510＋52×100＝10,810円
2027年	12×505＋51×105＝11,415円

□名目GDP成長率

2025年→2026年	[(10,810－10,000)/10,000]×100＝8.1%
2026年→2027年	(11,415－10,810)/10,810×100≒5.6%

□GDPデフレーター

2025年	1
2026年	(11×510＋52×100)/(10×510＋50×100)＝1.07
2027年	(12×505＋51×105)/(11×505＋52×105)×1.07≒1.11

□GDPデフレーター上昇率

2025年→2026年	(1.07－1)/1×100＝7.0%
2026年→2027年	(1.11－1.07)/1.07×100≒3.7%

□実質GDP

2025年	10,000/1　＝10,000円
2026年	10,810/1.07≒10,103円
2027年	11,415/1.11≒10,284円

□実質GDP成長率

2025年→2026年	(10,103－10,000)/10,000×100≒1.0%
2026年→2027年	(10,284－10,103)/10,103×100≒1.8%

(注)1. GDPが鉛筆と消しゴムの支出だけで構成されていると想定した場合。
2. このようにGDPデフレーターや実質GDPを計算する方法を特に「連鎖方式」という。

っています。これがこの年のデフレーターです。2027年のデフレーターは、2027年の物価が2026年の何倍になったかを計算し、その値に2026年のデフレーターを乗じて約1・11となります。つまり、2027年の物価は2025年の約1・11倍になったわけです。各年のGDPデフレーター上昇率も計算できます（第5段）。

そして、GDPデフレーターで名目GDPを割れば、実質GDPが得られ（第6段）、またそこからGDP成長率を計算できます（第7段）。各年の名目GDP成長率が、実質GDP成長率とGDPデフレーター上昇率との和にほぼ等しいことにも注意しておきましょう。

†「方向」と「水準」

実際には、GDPは四半期ごとに公表されるので、GDPの実質成長率も前期からの変化が注目されます。例えば、4―6月期のGDPが、1―3月期のGDPに比べてどれだけ増加したかということが問題になります。

また、景気判断のためには、GDPの動きだけが注目されるわけではありません。さまざまな景気指標がほぼ毎日のようにどこかの役所や業界団体から公表されています。いわゆるエコノミストといわれる人たちは、そうした景気指標の動きを細かく分析し、景気の現状判断や将来予測を行っているのです。

その場合、景気の良し悪しをどのように判断するかという点で、微妙な問題が出てきます。つまり、景気を経済活動の変化の「方向」で判断するか、それとも経済活動の「水準」で判断するか、という問題です。ここで、経済活動の水準とは失業者の人数や比率、工場が稼働している度合いなどを意味します。例えば、「景気は上向いているが、まだ失業者が多く、景気はよいとはいえない」とか、逆に「景気にひところの勢いはなくなっているが、工場はフル稼働に近く、心配する必要はない」といった言い方をよくします。

方向と水準のどちらが正しいかという問題に、簡単に答えることはできません。景気判断の基準が異なるからです。しかし、水準ばかりに注目していると、いつの間にか景気がどんどん変化していって、足を掬《すく》われるという危険性があります。特に景気が今後どのように変化していくかという点が気になる場合は、景気指標が示す変化の方向に細かく目を配る必要があるでしょう。

†景気は循環する

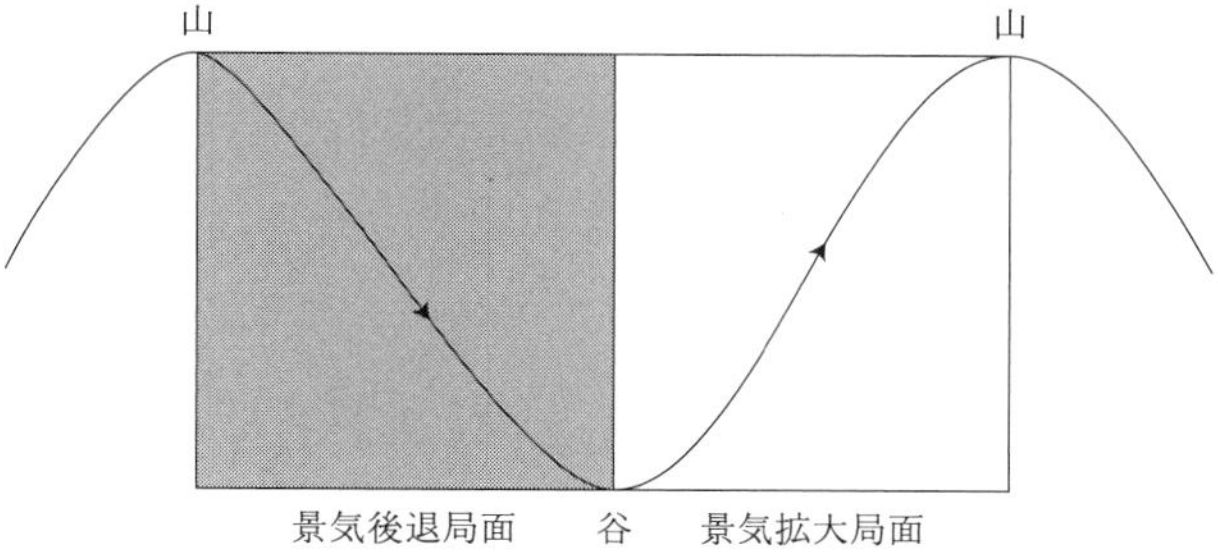

図8　景気循環のイメージ

景気の良し悪しを見分ける方法を簡単に紹介しましたが、次に、**景気循環**の話をしておきましょう。景気はいつまでもよい、逆にいつまでも悪いということはありません。景気にはよい局面と悪い局面が交互に訪れるという特徴があります。これを景気循環といいます。そして、景気が拡大局面から後退局面に転じる時点を「山」、後退局面から拡大局面に転じる時点を「谷」と呼びます（図8参照）。いつの時点が山または谷だったのかという判断は、内閣府が専門家の意見も踏まえ、さまざまな指標の動きを見て公式に発表しています。これを**景気基準日付**といいます。

景気循環がなぜ起こるかという点については、昔から多くの仮説があります。高校の「政治・経済」の教科書にも、景気循環には周期が短いものから長いものまでいくつかあることが説明されているはずです。キチン循環、ジュグラー循環、クズネッツ循環、コンドラチェフ循環とそれぞれに名前がついています。

かつては、過去の経済指標の動きからこうした景気循環を抽出するという作業が盛んに行われていました。しかし、最近では、景気循環のメカニズムについてさまざまな理論的検討がされるようになり、単純なサイクル探しや現実への当てはめ作業は、一部の人たちを除くと経済学者の手を離れています。とは言っても、景気が循環的な動きを示すことは否定できません。現場のエコノミストや政府・日銀の担当者が景気動向を判断する上で、景気循環の存在や経験則はある程度意識されています。

それでは、なぜ景気は循環的な動きを示すのでしょうか。いくつかの仮説がありますが、最も基本的な原因は、需要と供給のバランスが崩れるということです。いま、何らかの理由で経済全体で財やサービスの売れ行きがよくなったとします。企業は生産量を高め、従業員に残業させたり、あるいは新規採用を行ったりして需要に追いつこうとします。生産量が高まれば、企業間の取引きも増え、従業員の給料も増えて売上げがさらに伸び、しばらくは良好な状態が続きます。

しかし、需要は永久には伸びません。テレビ等の家電製品は、いったん購入すれば新しいものを買わず、しばらくそれを使おうと私たちは思います。企業でも、増産のために設備を増強し、新しい機械を購入すれば、しばらくはそれを使用しようとするでしょう。したがって、需要はいつかの時点で頭打ちとなります。

それが景気の転換点となります。需要の伸びを見込んで生産を増やしてきたのに、いつのまにか売れ行きが落ち、倉庫には売れ残りの在庫が積み上がるようになります。供給の伸びが需要の伸びを上回ってしまったことに気づいた企業は、生産を抑制します。生産を抑制すれば人々のフトコロ具合もさびしくなり、需要もそれにつられて減少していきます。

しかし、需要の減少も永久には続きません。家電製品もいつかは買い換えの時期が来ますし、工場でも古くなった機械を据え換える必要が出てきます。こうして需要は、いつかは好転します。そしてそれに気づいた企業が再び増産に向かうという形で、景気循環が形成されていくのです。

3 物価と経済の関係を探る

†物価の計り方

これまで、経済全体の動きをどのように把握するかという問題を考えてきました。しかし、物価については、GDPデフレーターの話を除くとほとんど触れてきませんでした。すでに私たちは、それぞれの財やサービスの市場において、価格が需要と供給をバランスさせるということを理解しています。個別の財やサービスの価格ではなく、経済全体における財やサービスの動きを**物価**といいます。この物価は景気とどのような関係にあるのでしょうか。

まず、経済全体の物価は、どのようにして計るのかという点を説明しておきましょう。個々の財やサービスの価格の変化なら、簡単に計ることができます。128ページの**表1**の数字をもう一度使った場合の計算を、**表2**に示してあります。鉛筆の価格について見る

表2　物価指数（ラスパイレス物価指数）の求め方

基準年＝2025年

	単価		購入数量	
	鉛筆	消しゴム	鉛筆	消しゴム
2025年	10円	50円	500本	100個
2026年	11円	52円	510本	100個
2027年	12円	51円	505本	105個

2025年における鉛筆と消しゴムの支出ウエイト＝1:1

□物価指数

2025年	(10/10)×1/2＋(50/50)×1/2＝1.00
2026年	(11/10)×1/2＋(52/50)×1/2＝1.07
2027年	(12/10)×1/2＋(51/50)×1/2＝1.11

□物価上昇率

2025年→2026年	(1.07－1)/1×100＝7.0%
2026年→2027年	(1.11－1.07)/1.07×100≒3.7%

と、2025年に1本10円だったのが2026年に11円、2027年に12円になっています。したがって、2026年から2027年にかけての1年間に、鉛筆の価格は9・1%ほど上昇しています。一方、消しゴムは同じ時期に52円から51円へと1・9%ほど値下がりしています。この経済は鉛筆と消しゴムだけで構成されているのですが、経済全体の物価の動きはどのようにまとめればよいのでしょうか。

　1つの方法は、その年における財やサービスの支出の比重に基づいて、それぞれの財の価格の変化を加重平均して物価指数を作ることです。これを**パーシェ物価指数**といいます。この指数の変化を見て、経済全体の物価の動向をつかむわけです。

もう1つの方法は、基準年における財やサービスの支出の比重に基づいて、それぞれの財の価格の変化を加重平均した物価指数を作ることです。このような方針で作成される物価指数を**ラスパイレス物価指数**といいます。物価指数としては、パーシェ物価指数よりもこのラスパイレス物価指数のほうが一般的です。

それでは、**表2**を見ながら物価指数を実際に計算してみましょう。先に登場させた鉛筆と消しゴムの例だと、基準年である2025年におけるそれぞれの支出額は、たまたまどちらも5000円ずつですから、比重は1対1です。したがって、2025年を基準年とすると、2025年の物価指数はちょうど1ですが、2026年について計算すると1・07になります。つまり、2026年の物価は2025年の1・07倍になった、言い換えれば、2025年から2026年にかけての物価上昇率は7%だったということになります。同様に、2027年の物価指数は1・11と計算できます。したがって、2026年から2027年にかけての物価上昇率は、この1年間における物価指数の変化を見ることにより、約3・7%であることがわかります。

新聞などでよく報道されるのは、こうした方法で作成された**消費者物価指数**（CPI）

や**企業物価指数**（ＣＧＰＩ）の動きです。消費者物価指数とは、私たち消費者が小売店で購入する財やサービスの価格を指数化したものです。また、企業物価指数は、企業間で取引される財の価格を指数化したものです。消費者物価指数は総務省が、企業物価指数は日銀（日本銀行）が毎月公表しています。

ところで、こうした物価指数の算出の仕方には少しばかり問題点があります。というのは、指数の計算の際に財やサービスの支出の比重を基準年で固定しているからです。これはやむを得ない処理ではありますが、毎年の支出パターンの変化が物価指数には反映されなくなるので、物価の動きが日常の実感から少しずれてくることがあります。なお、基準年は、２０２０年とか２０２５年というように５年ごとに改定されます。

†物価と景気の関係

個々の財やサービスの場合、供給に比べて需要のほうが大きいと物価は上昇し、逆なら低下することはすでに説明しました。それでは、経済全体の物価はどのように変化するのでしょうか。

基本は、個々の財やサービスの場合とまったく同じです。景気がよくなれば物価は上昇し、悪くなれば低下します。ただし、ここでも景気がよくなる／悪くなるの意味をきちんと説明しておかなければなりません。景気が方向として好転しても、経済の活動水準がある程度高まらなければ、物価は目立って上昇しません。経済の活動水準が低いままだと、失業率が高く、工場の稼働率も低いままで、経済全体として需要不足になっているからです。逆に、景気がピークを越えて後退局面に入っても、経済がフル回転に近い状況にとどまっていれば、物価は上昇を続けることになります。

ただし、物価水準そのものが長期間低下し続けるということは、近代社会の歴史の中ではそれほど起こっていません。物価は長期的に上昇する傾向があります。そして、景気がよくなり、需給が逼迫《ひっぱく》するようになるとその物価上昇率が高くなり、逆に景気が悪くなって需給が緩むようになると物価上昇率が低くなるというパターンを見せます。

インフレとは、物価水準が上昇することを意味します。インフレの元の言葉である「**インフレーション**（inflation）」とは「膨張すること」という意味です。その逆が、「収縮すること」を意味する「**デフレーション**（deflation）」を略したデフレです。デフレは、物価水準が下落すること、つまり、物価上昇率がマイナスになることをいいます。ただし、デフレは、経済の活動水準が正常な水準に比べてかなり低い状況で起こるので、深刻な不況のことを広くデフレと呼ぶことも少なくありません。「日本経済はデフレ的状況に陥っている」という場合などがそうです。

インフレと私たちの暮らし

最後に、物価水準が上昇すること、つまり、インフレが私たちの生活にとって、望ましいのかそうでないのかを考えておきましょう。品物が値上がりすることは、消費者なら嫌なことです。給料が少しばかり増えても、品物の値段が高まれば、暮らし向きはそれだけ苦しくなるからです。そうした暮らし向きの変化を数字で表すためには、どうしたらよいでしょうか。賃金上昇率が5％だったとしても、物価上昇率が3％だったら、差し引き2％しか暮らし向きは良くなっていないはずです。物価上昇率が5％を超えたら、賃金が上昇していてもメリットは感じられないでしょう。そのため、賃金上昇率から物価上昇率を差し引いた値を**実質賃金上昇率**と定義して、その値に注目することがよくあります。

また、インフレの影響は、お金を借りている人と貸している人の間でも違ってきます。1万円借りていても、物価が上昇すれば1万円の値打ちは低下するので、借り手はそれだけ得をします（貸し手は、逆に損をします）。第5章で説明するように、お金を借りるためには利子を払う必要がありますが、インフレが起こっていれば、その負担は軽減されます。そこで、利子率からインフレ率を差し引いた値を、**実質利子率**（実質金利）として注目します。実質賃金上昇率は消費者にとって重要ですが、実質利子率はお金を借りて事業を行っている企業にとって重要になります。

4　経済成長のメカニズムを考える

†景気循環をならした後に残るもの

①景気は良いときも悪いときもある、②景気循環は需要と供給の相対関係を反映して起こる、③物価もそれに応じて変化する、そして④短期的には、需要の大きさが経済全体の動きを左右している——以上がこれまでの説明でした。しかし、時間が経てば、需要と供給は物価の調整によって一致するはずです。では、景気のよいとき、悪いときをならして、それでも経済全体が拡大しているとすれば、そのメカニズムは一体何なのでしょうか。

ここで、話は景気循環から**経済成長**に移ります。「経済全体の動きをつかむ」という本章の最後のテーマとして、経済成長について簡単に見ておくことにしましょう。

経済成長とは、景気循環をならしても存在する経済のトレンド（傾向）のことです。戦後の日本経済には、「高度経済成長期」と呼ばれる時期がありました。1970年代前半までの二十数年間、日本の実質GDPは年平均で9％超という驚異的なペースで拡大しました。その後、日本経済の成長率は下方屈折し、経済成長のペースは3分の1程度になりました。いわゆるバブル経済がはじけた後、さらに経済成長のペースは落ち込み、日本経済の行方が心配されています。

短期的な経済の動きを説明する場合なら、消費や投資など需要面の動きが注目されますが、長期的な経済成長の話になると、その経済を支えてきた供給面の要因が議論の中心となります。需要が供給を下回っても、長期的には物価や賃金が低下して、需要はいずれ供給に一致します。そうした長期的な状況だけを議論するのが、経済成長の話です。

経済成長の要因としては、一般的には次の3つが挙げられます。第一は、財やサービスを生み出す労働力です。第二は、生産のための機械や工場などの資本ストックです。そして、第三は、技術進歩です。これらはいずれも経済の供給能力を決定する要因です。

高度経済成長の時代は、この三者がそれぞれ経済成長に貢献しました。とりわけ、欧米からの積極的な技術移転によって技術進歩が急速に進み、また、その技術進歩を実際の生産に活かすための設備投資が積極的に行われたので、資本ストックが急ピッチで蓄積されていきました。労働力も順調に拡大し、戦後の高度経済成長を支えました。今後についてはどうでしょうか。

経済成長の予測は、景気予測とはややアプローチが違います。短期的な経済の動きを予測する場合は、消費がどうなるとか、投資がどうなるといった需要サイドの予測を積み上げて経済全体の動向を探るというアプローチがとられます。それに対して経済成長の予測の場合は、供給要因の将来見通しがポイントになります。

†これからの日本経済は明るいか

それでは、読者である高校生の皆さんが担う、これからの日本経済は明るいのでしょうか、それとも暗いのでしょうか。労働力、資本ストック、技術進歩という3つの供給要因についてそれぞれ簡単に展望してみましょう。

第一は労働力です。これはあまり期待できません。少子化が進むからです。15歳から64

歳までの人口を、**生産年齢人口**といいます。この生産年齢人口は、1955年から2010年にかけての55年間、毎年約1%ずつ伸びてきました。ところが、2010年以降になると、逆に毎年1%ずつ減少していきます。高齢者の人たちにこれまで以上に働いてもらわないと、少子化の圧力に屈してしまいそうです。

第二の資本ストックはどうでしょうか。資本ストックが蓄積されるペースは、人々が得た所得のうち貯蓄に回す度合い、すなわち貯蓄率の動きに左右されます。貯蓄した分は、銀行などを経由して企業に貸し付けられ、投資の源泉となるからです。高度経済成長の時代は貯蓄率がどんどん上昇しましたが、これからはむしろ低下する可能性があります。というのは、高齢化が進むからです。私たちは、若いときに貯蓄し、歳をとってからその貯蓄を取り崩します。その傾向が一般的であれば、貯蓄を取り崩す高齢層の比率が高まって、経済全体の貯蓄率は低下していきます。

3つの要因のうち2つはどうも期待できないということになると、3番目の技術進歩が重要になります。ところが、残念ながら、経済学には、技術進歩についてははっきりとしたことを予測する能力がありません。将来、どのような技術が開花し、経済を牽引《けんいん》していくか、それがわかれば経済成長の予測は極めて簡単になるのですが、不確実な部分が多すぎます。

「経済学なんてたいしたことないじゃないか」という読者の声がまた聞こえてきそうです。エコノミストの景気予測でも、6カ月程度先の景気動向ですらなかなか当てられないのですから、いわんや数十年先までの経済成長の姿を予測することは、彼らの能力を大幅に超えてしまいます。

ただし、技術進歩に対しては経済学特有のアプローチが可能です。というのは、技術の概念を少し広めに考えてみるのです。私たちが〝技術〟と言った場合、「この機械を使えば、1時間に製品が○○個製造できる」といった言い方をします。しかし、経済成長への影響という観点からみれば、どれだけ生産性が伸びるかということが問題になるのですから、機械の性能が必ずしも向上しなくても、経済全体の効率性が高まればよいわけです。経済の効率性を高めるためには、経済活動を制約している規制を緩和する、市場メカニズムの動きを高めるという、経済学的な発想でもできることはたくさんあります。

もちろん、欧米から技術を輸入して経済成長を高めるという高度経済成長の頃のようなことは不可能です。また、最近では、大学の影響力の低下や学術論文数の減少といった形で、日本の研究成果や研究能力が落ちてきています。したがって、そうした研究から生まれる技術革新の中身やペースにも期待できなくなっています。それを考えると、経済成長の第三の要因である技術進歩についても、見通しは明るいとはいえません。

このように、経済成長を規定する3つの要因、つまり、労働力、資本ストック、技術進歩のいずれについても、状況は厳しいということになります。今後、経済成長率は低い水準にとどまる、というのが一般的な見方でしょう。

†低成長でも持続できる経済へ

しかし、経済成長率が上がる／下がるというだけで議論を終えるのは、経済学の話としてあまりに芸がなさ過ぎます。人々にとっての経済的な幸せは、経済成長率では決まらないからです。

経済学の立場から第一に言いたいことは、私たちの経済生活にとっては、国全体のGDPよりも1人当たりのGDPのほうが重要だということです。少子高齢化が進めば、経済成長率が低下するのはやむを得ません。しかし、1人当たりのGDPがきちんと維持されていれば、マイナス成長でも別に問題は起こりません（ただし、筆者自身は、環境問題の深刻さなどを考えると、1人当たりGDPも引き下げてかまわないとすら考えています）。

第二に、経済成長率が低下しても、経済全体がうまく回っていけば別に問題はありません。ところが、現行の経済制度は経済成長率がある程度高くなっていること――その背後には人口が順調に拡大していること――を想定してできあがっています。第6章では、社会保障の問題を取り上げますが、現行の社会保障の仕組みは高い経済成長率や人口の順調な増加を前提にして成り立っているのです。だから、経済成長率の低下がよくないことだと受けとめられるのです。しかし、経済が、成長率が低下しても維持できるような仕組みになっていれば、それはそれでかまわないはずです。そのための制度改革を考えてみる、これも経済学の重要な課題です。

現在、経済政策を担っている政治家の皆さんの多くは、若いときに高度経済成長を経験した人たちです。そのため、頭のどこかで、「経済は成長するものだ」「成長さえすればさまざまな問題が解決できる」「だから、政府は成長をまず目指すべきだ」と考える傾向があります。しかし、本書の読者の多くは、生まれてからこれまで、経済がどんどんよくなるという経験をそもそももっていないし、経済成長にも大きな期待を抱いていないのではないでしょうか。そうだとすれば、経済や経済政策に対する見方も違ってくると思います。

第５章
お金の回り方を探る

これまでの議論には、お金は登場してきませんでした。もちろん、Tシャツの価格が1枚何円だとか、GDPが何兆円といった話は出てきましたが、それはお金そのものに関するものではありません。本章では、このお金を議論の主役にします。私たちはなぜお金を持とうとするのか、お金は世の中をどのように回っているのか、お金の量はどのようにして決められるのか、といったお金にまつわる話題を取り上げていくことにします。

本章の最終的な目的は、金融政策のあり方を考えることです。例えば、景気が悪い理由を考えてみると、私たちのフトコロにお金が入っていないからです。もしそうなら、日銀がお金をたくさん印刷し、世の中にばら撒《ま》けば景気がよくなるのではないかと思えてきます。実は、経済学をまったく知らない人たちが思いつくこのような政策と、本質的にはほとんど変わらないことを主張する経済学者もいます。その一方で、「そんなことをしても効果はない」と批判する人たちもいます。

どちらの意見が正しいのか、この短い章で結論を導くことは不可能ですし、正確な評価を下すためには、専門家によるさらなる分析が必要のようです。しかし、金融政策とはどのようなものなのか、そして金融政策をめぐってどのような議論が行われているのか――それを理解していただくだけでも本章の目的は果たせたことになります。

1　お金の役割を考える

†なぜ人々はお金を持とうとするのか

まず、お金はなぜ必要なのかという「そもそも」論から話を始めることにしましょう。

お金の役割は何かと聞かれたとき、私たちの頭にとりあえず浮かぶ答えは、「それで自分の好きな財やサービスが買える」というものです。世の中にお金が存在しなければ、私たちはいわゆる物々交換に頼らなければなりません。ところが、物々交換は意外とむずかしいものです。例えば、ある人が自分の持っているカメラを時計と交換したいと思っているとしましょう。交換相手はすぐに見つかるでしょうか。

世の中には、時計を手放したい人は多くいるでしょうが、カメラと交換したいと思っている人を見つけ出すことには苦労するはずです。そして、そのような人をたまたま見つけたとしても、「確かに私は自分の時計をカメラと交換したいが、あなたの持っているカメラは私の欲しいものではない」と言われたら、また別の人を探さなければなりません。物々交換は、交換する当事者間の思惑が一致するという、かなり厳しい状況の下でしか成り立たないのです。これだと、経済取引は滞ってしまいます。

ところが、何とでも交換できるお金という手段が登場すればどうなるでしょうか。前に述べた時計を手に入れたい人は、とりあえずカメラを売ってお金を手に入れます（カメラを買いたい人はたくさんいるでしょう）。そして、彼はそのお金を持って、時計を売りたい人を探せばよいわけです。時計を売る人にとっても、カメラと交換するより、時計を売って得られたお金で自分の好きな品物を自由に買えるほうが望ましいはずです。

このように、お金は交換を効率化し、円滑にする役割を果たしています。そして、この交換手段としてのお金に対する需要は、景気がよくなり、取引きが活発になればなるほど高まることになります。

さらに、お金が交換手段になれば、お金によってそれぞれの財やサービスの価値を表現することも可能になります。例えば、物々交換の世界で、消しゴム1個が鉛筆3本と交換されているとします。つまり、消しゴム1個は、鉛筆3本の値打ちがあるということになります。ここで、例えば鉛筆1本に10円という価格をつけたとしましょう。このとき、消しゴム1個には、鉛筆3本の価格、すなわち30円という価格がつくことになります。また、たまたま鉛筆に1本100円という価格がついていれば、消しゴムは1個300円で取引きされます。通貨の単位が円ではなく、ドルやユーロであっても、お金が財やサービスの価値を表現するという点では同じです。

†富を貯蔵するための手段

しかし、お金は、交換手段としてだけ用いられるわけではありません。「富を貯蔵する」という、もう1つの大切な役割があります。

得られたお金をすべて使わず、一部残しておくとどうなるでしょうか。将来そのお金で商品を買うことができます。お金自体は物理的には紙切れに過ぎませんが、将来時点で買い物を可能にするものとして、それ自体に値打ちが出てきます。お金があるからこそ、買い物を将来に先延ばしすることも可能になります。もちろん、富を貯蔵する方法は、お金以外にもたくさんあります。どこかの会社の株や債券などお金以外の金融資産、土地やマンションなどの不動産で富を貯蔵することもできます。では、なぜあえて人々はお金で富を貯蔵しようとするのでしょうか。

お金に長所があるとすれば、保有していても何の収益も上がらないものの、「不確実性が伴わない」という点に求められます。例えば、株式を保有する場合、その会社が倒産して株式が紙切れになってしまう危険性もあります。お金にはそういう危険性はありません。もちろん、株式が値上がりすることが100パーセント確実なら、お金をすべて株式に換えておくほうが賢明です。しかし、そのような状況はあまり考えられません。

さらに、お金は、「すぐに使える」という便利な特徴――これを**流動性**といいます――があります。財やサービスの代金として、お金は誰でも喜んで受け取ってくれます。ほかの資産の場合は、お金に換えてからでないとなかなか受け取ってもらえず、流動性という面ではお金に劣ります。

私たちが不確実性を少しでも軽減したいと考える限り、また、流動性を確保しておきたいと考える限り、貨幣には富の貯蔵手段としての役割が期待されます。ただし、ここで、2つの点に注意しておく必要があります。

第一に、お金にまったく不確実性が伴わないかといわれると、そうとは言い切れません。インフレの影響を考えなければならないからです。例えば、1年後に財やサービスの価格が平均的に10％上昇すれば、お金の値打ちは約9・1％低下（［1／1・1］×100％）します（単純に10％低下したと言っても、大きな違いはありません）。しかし、1年先に物価がどのように変化するか、誰も正確に予測することはできません。したがって、お金の値打ちがどのように変化するかきちんと予測することはできないのです。ただし、インフレの影響を受けるという点ではその他の金融資産も同じです。

†どこまでが「お金」なのか——お金の定義

第二に、お金には流動性があるといっても、そのときの「お金」がいったい何を意味するのか、わからなくなってしまう部分があります。例えば、銀行に預けてある普通預金は、ATM（現金自動預け払い機）から引き出すという手間はあるものの、いつでも現金にすることができます。現金にしなくても、クレジット・カードや電子マネーを使えば、あるいはキャッシュレス決済にすれば、そのまま買い物ができます。そうなると、お金といってもどこまでをお金と定義するのかという問題が出てきます。

日本では、お金の定義を流動性の違いや扱う金融機関の違いに注目してこの問題を処理しています。世の中に出回っているお金の供給量を**マネーストック**といいますが、このマネーストックの定義を流動性に注目して広げていくわけです。

もっとも狭い意味のお金は1万円札、1000円札などの現金です。この現金に、すぐに換金できる銀行の普通預金や当座預金（小切手を切るために銀行に無利子で預けておく預金）を加えたものを**M1**といいます。このM1に定期預金やCD（譲渡性預金）等を加えたものとして**M2**や**M3**があります。定期預金は、満期まで預けておく必要があるので、普通預金などに比べると流動性は劣ります。また、CDとは企業などが銀行に預ける大口の預金で、他人に譲り渡せる預金のことです。M2とM3の違いは、預金を扱っている金融機関の違いです。M2は銀行や信用金庫などに限定されますが、M3はそれに加えてゆうちょ銀行や信用組合などを含みます。

これらの指標のうち日銀が金融政策を行う上で最も重視しているのはM2ですが、市場関係者の間ではM3も同じように注目されています。さらに、このM3にその他の金融資産を含めた、さらに広い範囲のマネーストックを**広義流動性**と呼んでいます。

なお、クレジット・カードや電子マネーの利用、キャッシュレス決済は、基本的に現金や預金がそのベースにあるので、マネーストックの量に直接には影響しません。しかし、人々の行動の変化を通じて、マネーストックに間接的な影響が及ぶ可能性はあります。

†利子とは何か

ここで、**利子**（利息）の話もついでにしておきましょう。私たちが銀行にお金を預けると何がしかの利子がつきます。逆にお金を借りれば、元本だけでなく利子を支払う必要があります。そして、元本に対する利子の比率（％）を**利子率**または**金利**といいます。経済学の教科書には利子率という言葉のほうがよく登場しますが、日常生活では金利のほうがよく使われるでしょう。

この利子とは一体何なのでしょうか。お金の借り手から見れば、利子はお金の借り賃です。貸し手から見れば、お金を貸したことの報酬です。ここで、お金の借り賃、あるいはお金を貸したことの報酬という意味をもう少しきちんと考えてみましょう。

例えば、100万円を人に貸した人は、借り手から借用証を受け取りますが、その一方で、しばらく100万円というお金を使えなくなります。つまり、流動性を失ったことになります。他方、お金を借りた人は、手元に入ってきた100万円をすぐに使えるようになります。つまり、流動性を手に入れたことになります。

このように考えると、利子は流動性を失うことの見返り、逆に言えば、流動性を手に入れるためのコストと捉えることもできます。銀行預金でも、普通預金などいつでも払い戻せる預金は流動性が高いので、それにつく金利は低くなります。そして、半年、1年と預けなければならないために流動性が低くなる定期預金は、金利が高めになります。

流動性の見返りに利子がつくということですが、それでは、なぜ借り手は利子を貸し手に支払うことができるのでしょうか。これは、借り手が手に入れたお金を活用して、例えば新しい機械を購入し、製品を生産・販売してもうけを得ることができるからです。また、長い間お金を借りれば、それだけもうけを得るチャンスも増えるので、返すまでの時間が長いお金ほど高い金利がつきます。逆に、お金の貸し手から見れば、手元にお金を持っていれば得られたはずの収益獲得のチャンスをみすみす手放すわけですから、その見返りとして借り手に利子の支払いを要求することになります。

それでは、金利が高くなるときとはどういうときでしょうか。流動性の高いお金を持っているほうが何かと便利だ、もうけも増えるという場合でしょう。世の中の人々がみんなそのような状況に直面していれば、お金は引っ張りだことなり、誰もなかなかお金を貸そうとしません。その中でどうしてもお金を借りたいという人は、金利を引き上げて「私にお金を貸せばお得ですよ」と言わなければなりません。逆に、お金を手元に置いておくより、他人に貸したいと思う人が多くなれば、借り手の立場が強くなって、「借りてもいいけど、利子はこれだけしか払えませんよ」ということになるでしょう。

つまり、お金に対する需要が強まれば金利は高まり、お金に対する需要が弱まれば金利は低くなります。ただし、それは相対的な話です。いくらお金に対する需要が大きくても、お金が十分供給されていれば、金利は高くなりません。金利は、お金に対する需要と供給のバランスによって決定します。これも、一種の市場メカニズムです。

したがって、金利を低くするにはお金の量を増やし、金利を高くするにはお金の量を減らせばよい、ということになります。そして、金利が低くなれば、お金を借りて事業を拡大しよう、新しい機械を購入しようという会社も増えてくるはずですから、景気もよくなります。つまり、経済が不況に陥っているときは、世の中のお金の量を増やし、お金を借りやすくする状況をつくらなければならないということになります。これを**金融緩和**といいます。逆に、景気が過熱気味の場合は、お金の量を少なめにし、金利を高める必要があります。これを**金融引き締め**といいます。金融政策は、この金融緩和、金融引き締めをその時どきの経済状況に応じて実施することを内容としています。そして、その金融政策の担い手が日銀などの中央銀行です。

2　お金の動きを追ってみる

†お金は「天下の回り物」

金融政策に話を進める前に、世の中にお金はどれくらいあるか、簡単にチェックしておきましょう。2022年12月時点で、現金が117兆円、M1が1043兆円、M2が1213兆円、広義流動性が2078兆円となっています。ここではまず、現金がお金の中に占める比率が非常に低いことに注目して下さい。現金はM2の中の約一割にとどまっています。確かに、財布の中の紙幣や小銭が全財産という人はあまりいません。

また、お金の量とGDPの大きさが一致しないことも確認しておきましょう。2022年における名目GDPは557兆円でした。財やサービスを購入すればお金が支払われるので、単純に考えるとGDPとお金の量は一致してもよいような気もします。しかし、よく考えると、この想像は2つの理由で間違っています。第一に、支払いに使われずにそのまま手元に残っているお金もあるはずです。ずいぶん昔に隠しておいて、大掃除の最中にたまたま見つかったお母さんのヘソクリも、その一例です。

第二に、同じお金が支払いのために何回も人手に渡るということも十分あり得ます。そして、支払いが行われるということは、その段階で何らかの形で付加価値が発生したことになります。付加価値の合計がGDPだとすでに説明しましたが、お金の量が少なくても、多くのGDPが発生するということも十分にあるわけです。「金は天下の回り物」という言葉が昔からありますが、それがちょうどこのことに対応しています。入ってきたお金がすぐに出て行くのは残念なことですが、その出て行ったお金を受け取っている人もいるはずです。そして、そこには何らかの形で付加価値が発生しているのです。

社会全体におけるお金の量が多いか少ないかを判断する場合、マネーストックを名目GDPで割った値である**マーシャルのk**という指標がたまに取り上げられます。名目GDPは付加価値の発生という、実体が伴っている経済活動の結果を示した値です。それに比べて、お金がどの程度出回っているかをこのマーシャルのkという指標で見ようというわけです。マネーストックをM2で捉えると、2022年では、M2が1213兆円、名目GDPが557兆円だったので、マーシャルのkの値は約2・2（=1213兆円／557

兆円）となります。

日本のマーシャルのkは上昇傾向にありますが、それがカネ余りの度合いを示すのであれば、インフレにつながっているはずです。しかし、マーシャルのkの上昇が加速した1980年代後半は、物価は驚くほど安定し、インフレは発生していませんでした。なぜかというと、余り気味だったお金は財やサービスではなく、株式や土地の購入に向けられたからです。後述するように、日銀がお金を市場に大量に供給するようになった2000年代以降も、マーシャルのkは総じて上昇しています。しかし、インフレにはなかなかつながりませんでした。増えたお金のかなりの部分が、国の発行した借用証である国債の購入に向かったからです。

このように、社会全体におけるお金の量が多いか少ないかをマーシャルのkで判断しようとしても、インフレとの関係はそれほど明確に把握できなくなっています。

†お金はどのようにして天下を「回る」のか

お金の働きについて、基本的な話をもう少し続けることにしましょう。お金が「天下の回り物」であることはわかりましたが、そこには何か法則性があるのでしょうか。財やサービスは、売り手から買い手に渡ります。お金はその裏側で、買い手から売り手へと逆方向に動く、と整理すれば話は終わるのでしょうか。

お金は、一見すると法則性のないまま世の中をさまよっているように見えますが、水が高い所から低い所に流れるように、最終的には「お金が余っている人」から「お金が足りない人」に流れています。ただし、お金が足りない人が無条件にお金を受け取れるわけではありません。お金の足りない人は、後で返すという約束でお金を受け取り（これを「お金を借りる」といいます）、後で返すことを証拠立てる借用証を、お金を貸してくれた人、つまりお金が余っている人に渡すことになります。そして、お金が足りない人のフトコロに入ったお金は、買い物などの支払いに使われ、ふたたび世の中へ旅立ちます。しかし、お金が足りない人のところに向かうという動きは続きます。

大まかに言えば、お金が余っている所が家計、お金が足りない所が企業ということになります。家計は、企業で働くことにより、企業から賃金という形でお金を受け取ります。家計はそのお金で消費するので、そのお金は商品を生産・販売している企業に戻ります。しかし、家計は得られた賃金をすべては消費に回さず、少しは手元に残しておこうとするはずです。もちろん、借金をしている家計も少なくありませんが、全体として見ると家計にはお金が余っています。

一方、企業は、家計に商品を売って得られた売上代金から、家計に賃金を支払い、残りをもうけとします。しかし、企業は商品を生産するために機械を購入するなど設備を拡充しなければなりません。そのためにはお金が必要ですが、売上げからのもうけだけでは足りないのが普通です。このように、企業は家計と違ってお金が不足しがちです。

＊以上が教科書的な説明なのですが、日本では1990年代半ば以降、企業でもお金が余るようになっています。企業はバブル時代に借りたお金を銀行に返し、設備投資にも慎重になっているからです。日本でお金を借りているのは企業ではなく政府なのですが、その話は第6章で改めて取り上げます。

†お金が流れる2つの経路

企業が家計からお金を借りる場合、2つの方法があります。つまり、企業が直接家計からお金を調達する方法と、銀行など金融機関が間に入って両者を仲介する方法です。前者を**直接金融**、後者を**間接金融**といいます。

まず、直接金融の場合について見てみましょう。企業が直接お金を調達する場合、株式を発行するという方法と、社債を発行するという方法があります。いずれも、企業がお金を受け取った、あるいは借りたことを示す借用証ですが、性格が大きく異なります。株式の場合は、企業は受け取ったお金を返す必要はありません。つまり、株式は永久借用証といってよいでしょう。ただし、株式を発行した企業は、もうけが発生した時点で、それを配当という形で株主（その会社の株式を持っている人）に渡さなければなりません。

一方、社債には、借りたお金を返す期限が付いています。そして、企業がお金を返すときには、企業は利子を支払うことになります。一般に、利子をつけてお金を借りる際に発行される借用証を債券といいますが、社債は、会社が発行する債券なので社債というわけです（国が発行する債券は国債です）。

株式にしろ、社債にしろ、それが発行された段階で、お金は、お金の余っている家計からお金の足りない企業に移ることになります。そして、家計の手元には、お金の代わりに株式や社債という借用証が残ります。もちろん、お金を受け取った企業は、それを手元で遊ばせているわけではありません。さまざまな支払いに使います。しかし、企業にお金が足りない限り、企業は株式や社債を発行してお金を集めます。

企業の資金調達のもう1つの方法は、銀行が中に入る間接金融といわれるものです。私たちは銀行にお金を預け、銀行はそのお金を企業に貸しています。家計は、銀行を経由して間接的に企業にお金を貸しているわけです。ここで、家計が銀行から受け取る預金通帳は、銀行が家計からお金を借りた（つまり、家計が銀行にお金を貸した）ことを示す借用証です。そして、銀行もお金を貸している先の企業から、借りたことを示す借用証を受け取っているのです。つまり、借用証との引き換えが2回行われることにより、お金はここでもお金の余っている家計からお金の足りない企業に移っていることになります。

†なぜ銀行は必要なのか

企業の資金調達には、直接金融と間接金融の2つがあると説明しました。そのうち、間接金融の場合は、銀行が資金の貸し手と借り手の間に入って、お金の融通を行っています。これを、銀行の**金融仲介機能**といいます。しかし、ここで問題となるのは、なぜそのような金融仲介機能を行う銀行という組織がわざわざ存在するのか、という点です。銀行がなくても、企業は足りないお金を株式や社債を発行して直接資金を調達すればよいはずです。

ところが、銀行があるとないとではずいぶん状況が異なります。私たち消費者が会社にお金を貸すとしても、どの会社の株式や社債を購入するか判断に迷います。自分がお金を貸した会社が倒産して、株式や社債が価値のない紙切れになってしまう可能性を否定することはできません。ここで、銀行が多くの消費者からお金を集めた上で、そのお金を貸すべき最もよい企業を探してくればどうなるでしょうか。私たちは貸し倒れのリスクから完全に解放されるわけではありませんが、かなり安心することができます。

一方、お金を借りる会社から見ても、誰がお金を貸してくれるのか、いちいち探すのは面倒です。また、幸いに貸してくれる人が見つかっても、ほんの数万円しか貸してくれず、必要な資金にはとうてい届かないということもあるでしょう。そうした中で、まとまったお金を貸してくれる銀行があると大変助かります。

また、ちゃんとした銀行からお金を借り続けていれば、「○○銀行からお金を借りているぐらいだから、あの会社の経営はうまくいっているはずだ」という推測もできます。つまり、銀行からお金を借りているということ自体が、自社の経営の健全性を世間に知らしめる手段になるのです。その意味で、銀行は一種の情報生産機能を持っているともいえます。そして、その情報生産機能は、社会全体にとって望ましい面があります。ある銀行が融資を続けることによってその企業の経営に関する情報を発信しているので、ほかの銀行はわざわざその企業の経営を調べる必要がなくなるからです。

このように、銀行は、貸し手のリスクを分散したり、借り手や貸し手が取引相手を探すコストを削減したり、あるいはお金を貸すことでその会社に関する情報を発信したりするという重要な機能を持っています。

しかし、銀行の果たしている機能は固定的なものではなく、金融を取り巻く環境の変化に大きく左右されます。日本では、第二次世界大戦後、銀行を保護・育成することを目指した大蔵省（現財務省）が、企業に対して資金調達はできるだけ銀行を利用するように誘導してきました。そのため、直接金融のうち、株式の発行はそうでもありませんが、社債の発行については非常に厳しい制約をかけてきたのです。その結果、日本では銀行の金融仲介機能が否応なしに高まってきたといえます。

しかし、日本では１９８０年代以降、株式や社債発行など企業の資金調達が多様化し、とりわけ大企業の場合は、「銀行離れ」が進んでいます。また、企業に関する情報も、これまでに比べると格段に容易に手に入れることができるようになりました。証券アナリストと呼ばれる人たちは、株式投資をする会社や業界のことを詳しく調べています。その会社が発行する社債がどの程度信頼できるかという点についても、格付け会社とよばれる専門の会社が格付けを行っています。このような状況の下では、銀行がこれまで果たしてきた役割のうち、企業の財務体質をチェックし、その情報を発信するという部分は重要性を低めていると考えられます。

3　日本銀行の役割——金融政策の話

†お金の量は誰が決めるのか

ところで、世の中には、きっちりとしたものではないにせよ、望ましいお金の量というものがあるはずです。お金があまりに多いと、お金の価値が下がる、つまりインフレになって人々の生活を不安定にします。逆にお金が少なすぎると、経済活動が萎縮してしまいます。お金を借りようとしても、お金の借り賃である金利が高すぎて、なかなか借りられないからです。

したがって、誰かにお金の量をコントロールしてもらう必要があります。しかし、そうだとしても、世の中のお金の量はいったい誰がどのように決めるのでしょうか。

まず、お金を現金に限定して考えてみましょう。お金を発行できるのは、中央銀行だけです。日本の中央銀行は日本銀行（日銀）です。財布の中にあるお札を見ても、「日本銀行券」と印刷してあります。

ただし、日銀は、私たち消費者や会社に現金を直接渡すわけではありません。民間の銀行は、日銀にお金を預けています。その預金のことを**日銀当座預金**といいます。銀行がその日銀当座預金から現金を引き出したときに、現金は日銀の手を離れます。そして、私たちが銀行に預けている自分の預金口座から必要な現金を引き出したときに、現金ははじめて世の中に顔を出します。

そうすると、現金の量は日銀が一方的に決めるのではなく、私たちが必要と思って使う分だけが日銀から出てくることになります。つまり、世の中で必要とされる現金を日銀が受動的に供給しているにすぎない、ということになります（この点については、後ほど改めて考えます）。

次に、お金の範囲を広げ、現金だけでなく、預金もお金に含めて考えることにしましょう。154ページで、お金の量（マネーストック）を示す代表的な指標としてM2を紹介し、それが現金と預金（普通預金や当座預金、定期預金、および譲渡性預金）の合計として定義されると説明しました。ところが、預金になるとますます日銀がその量をコントロールできそうにありません。というのは、預金としてどれだけのお金を銀行に預けるかは、私たち消費者や企業が決めることだからです。現金だけでなく、預金も日銀は十分にコントロールすることができないということになります。

しかし、こうした説明に納得できない読者も少なくないと思います。つまり、「現金も預金も日銀がコントロールできないとすれば、お金の量はいったい誰が決めるのか。お金の価値を安定させ、インフレやデフレを起こさないようにすることが、日銀の最も重要な使命ではないのか」という反論が出てくるはずです。日銀とお金の量の関係について、もう少しきちんと議論する必要がありそうです。

†預金がどんどん増えていくからくり——信用創造

結論から言えば、日銀が世の中のお金の量、つまりマネーストックをまったく調節できないということはありません。そのやり方が直接的ではなく、間接的なだけです。それを説明しておきましょう。日銀には、民間の銀行がお金を預ける当座預金があるということはすでに述べました。何らかの方法——その具体的な中身は174ページ以降で説明します——によって、この日銀当座預金を日銀が増やしたらどうなるでしょうか。

銀行は、日銀当座預金が増えたわけですから、そこからお金を引き出し、お金が足りない企業などに積極的に貸し出そうとするはずです。日銀にお金を預けておくだけでは利子をあまり稼ぐことができないからです。また、銀行も資金繰りのためにほかの銀行からお金を借りることがしばしばあります。もちろん、そのためには利子を支払う必要がありま す。しかし、日銀に預けている当座預金が膨らんでいれば、ほかの銀行からお金を借りる必要が小さくなります。そして、その分だけ企業への貸し出しが増えることになります。

さて、ある銀行（銀行Aとします）が企業（企業Xとします）への貸し出しを増やすとき、どのようなことが起こるでしょうか。銀行Aが企業Xにお金を貸し出すときは、その企業Xが取引きしている銀行B（銀行Aであることも多い）にある、企業Xの預金口座にお金を振り込むのが普通です。ここで、銀行Bの預金が膨らんだことに注意して下さい。銀行Bにとっては、預金が膨らんだわけですから、それを元手にして、別の企業（企業Yとします）にお金を貸し出すでしょう。その場合も、企業Yが取引きしている銀行（銀行Cとします）にある、企業Yの預金口座にお金を振り込みます。

このように、銀行Aが企業への貸し出しを増やすと、それに応じて、銀行B、銀行C……というように、どんどんと預金が膨らんでいきます。このメカニズムを銀行の**信用創**

造といいます。預金は立派なお金ですから、結局、日銀が世の中のお金の量を増やせることが確認されました。もちろん、日銀は経済全体のお金の量を絞ることもできます。

ただし、ここで2点但し書きをしておきましょう。第一に、銀行は、得られた預金のすべてを貸し出しに回せるわけではありません。預金の一部は、日銀に無利子で預けることが義務づけられています。この制度を**準備預金制度**といい、預金のうち準備預金として日銀に預けなければならない部分の比率を**法定準備率**といいます。

第二に、お金を借りた企業は、当然ながらそのお金を預金口座に置いたままではなく、一部は現金として引き出すはずです。その現金がふたたび銀行に預けられなければ、銀行の信用創造はその分機能しなくなります。

このような但し書きは必要であるにせよ、日銀は銀行の持っている信用創造機能を利用することによって、世の中のお金の量、すなわちマネーストックを〝遠隔操作〟することができるのです。

†マネーストックの〝遠隔操作〟はどこまで有効か

ただし、日銀がマネーストックに対する遠隔操作をどこまで正確にできるのか、という点については、議論が分かれています。

例えば、日銀がマネーストックを増やそうとして日銀当座預金を増やしても、銀行が貸し出しを増やさなければどうなるでしょうか。信用創造の仕組みが働かず、日銀当座預金が膨らむだけの結果に終わってしまいます。その場合、マネーストックは思ったように増えません。お金は、日銀の手を離れないかぎり経済に影響を及ぼしません。

ところで、いま、「銀行が貸し出しを増やさなければ」と言いましたが、そんなことは実際にあるのでしょうか。答えは「イエス」です。

2つのケースが考えられます。1つは、銀行が貸し出しを増やそうと思わないケースです。例えば、いろいろな企業にこれまで貸し出しを行ってきたところ、返してくれない企業がどんどん増えているとすれば、銀行は新たな貸し出しに二の足を踏みます。この場合、日銀の当座預金口座にお金を預けたままにしておくという銀行も出てくるでしょう。

もう1つは、企業が銀行からお金を借りたいと思わないケースです。銀行がいくらお金を貸そうと思っても、企業に「そんなお金、ウチでは要りません」と言われれば、それでおしまいです。景気の見通しがよくなく、企業がお金を借りてまで業務を拡大しようとは思わず、むしろ銀行からこれまで借りてきたお金を返してすっきりしたいと考えていれば、日銀が世の中のお金の量を増やそうとしてもなかなか効果が上がらないでしょう。

つまり、日銀がマネーストックをコントロールしようと思っても、銀行など金融機関がどのような状況に置かれているか、そして、世の中のお金に対する需要がどの程度あるかによって、政策の有効性には大きな差が出てくるというのが、筆者の考え方です。

それでは、日銀がマネーストックをどこまでコントロールできているのかを知ることはできるのでしょうか。すでに述べたように、日銀はそのマネーストックの量を直接操作することはできません。日銀が直接操作できるのは、日銀自身が世の中に供給するお金の量だけです。そうしたお金を**マネタリーベース**といいます。マネタリーベースは、市中に出回っている現金に、日銀当座預金を加えたものですが、日銀当座預金が全体の8割程度を占めています。

そして、マネーストックをマネタリーベースで割った値を、**信用乗数**と言います。日銀が日銀当座預金などマネタリーベースを1円増やしたとき、前述の信用拡大のメカニズムを通じて、世の中のマネタリーベースが何円増えたかがこの値からわかります。

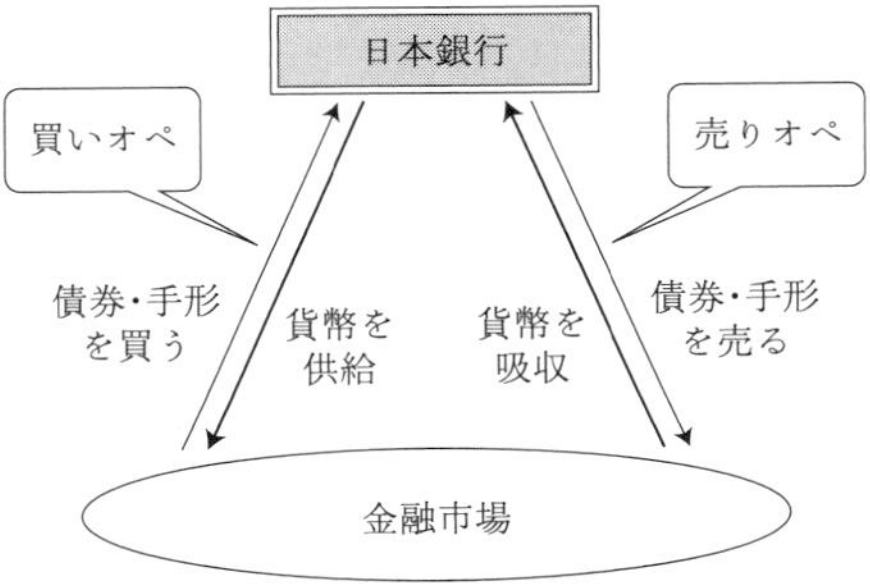

図9　金融調節の仕組み

日銀がお金の量を調節する手段

話がやや〝応用編〟に深入りしすぎてしまったかもしれません。もう少し、教科書的な説明をしておきましょう。日銀が世の中のお金の量を調節しようとするとき、どのような方法をとるのでしょうか。

最も重要な手段は、**金融調節**（または金融市場調節）と呼ばれるものです（**図9**参照）。例えば、「世の中に出回っているお金が少し足りない」と判断したとき、日銀はお金を市場に投入します。しかし、1万円札を増刷してばら撒《ま》くというようなことはしません（そんなことをすれば、お札に対する信用がなくなってしまいます）。銀行などから、国債などの債券や手形を購入し、その代金を支払うという形でお金を供給します（その支払い代金は、銀行が日銀に預けている日銀当座預金に振り込みます）。これを買いオペといいます。「オペ」とは操作を意味するオペレーション（operation）の略語です。

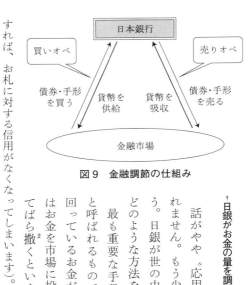

逆に、世の中でお金がだぶつき気味で、吸収する場合は売りオペを行います。これは、日銀が保有している債券や手形を銀行などに売り、その代金であるお金を受け取る操作を意味します。

買いオペが実施されると、銀行は自由に使えるお金が手元に増えるので、それを使って企業などへの貸し出しを増やします。それが信用創造のプロセスを経て、マネーストックの増加につながるわけです。逆に、売りオペの場合は、マネーストックが減少します。日銀はこの買いオペや売りオペを毎日行うことにより、日々のお金の需給バランスを調整しています。

＊ところで、経済学の教科書ではこの金融調節のことを**公開市場操作**という言い方で紹介することが多いと思います。公開市場（オープン・マーケット）とは、銀行だけが参加する市場（インターバンク・マーケット）ではなく、普通の会社なども参加できる金融市場という意味です。その公開市場を舞台にしてお金の量の調節を行うので、公開市場操作というわけです。日本では、日銀の金融調節の対象は金融機関がほとんどであるためか、公開市場操作という言葉は教科書以外ではあまり使われないようです。

さて、日銀は、この金融調節をどのような目安にもとづいて行っているのでしょうか。

基本的には、短期金利の水準です。銀行どうしがお金の貸し借りをする市場として、コール市場というものがあります。銀行は毎日、資金繰りをしなければならないのですが、しばしばお金が足りなくなり、「明日返すから、とりあえず貸してほしい」というような極めて短期のお金の貸し借りを行っています。その貸し借りにつく金利を翌日物コールレートといいますが、この金利が高ければお金が足りない、低ければお金が余っていると日銀は判断します。そこで日銀は、この翌日物コールレートを政策的に適切と思われる水準に誘導するように、金融調節を行うことになります。

しかし、この翌日物コールレートがほとんどゼロになってしまったのに、それでもお金を供給する必要があると判断すれば、日銀はどうするのでしょうか。この場合の目安は、日銀当座預金の残高に移ります。日銀当座預金の中には、「このお金はいま不要だからとりあえず日銀に預けておこう」という部分が含まれます。つまり、日銀当座預金が膨らんでいればいるほど、世の中にはお金が余っていると考えてよいことになります。ですから、金利がゼロになってしまった場合は、日銀当座預金残高の水準を目安に金融調節を行うことになります。

†新たな段階に入った金融政策

金融政策の方法は、時代とともに大きく変化しています。日銀や外国の中央銀行が現在実際に行っている金融政策は、皆さんのお父さん、お母さんが高校あるいは大学で教わったものとは、ずいぶん異なっているはずです。なかでも、日銀が行っている金融政策はここに来て大きく変化しています。

安倍晋三首相（当時）が2012年12月以降、ほぼ8年にわたって進めた経済政策を、**アベノミクス**といいます。このアベノミクスの中で、金融政策、より具体的にいうと大胆な金融緩和は重要な柱として位置づけられました。この金融緩和はそれまでの政策とはかけ離れている面も多く、**異次元の金融緩和**と呼ばれます。本書は経済学の入門書なので、本来なら教科書的な説明にとどめるべきなのですが、そうした説明がどこまで現実に当てはまるかわからないので、ここでは現実に即した話をしましょう。

アベノミクスの下で始まった金融政策は、次のような特徴を持っています。第一に、日銀は政策目標として消費者物価上昇率を2％（前年比）にすることを掲げ、その実現を目指しています。このように、中央銀行がインフレ率の目標を設定し、その実現を目指すことを一般的に**インフレ・ターゲティング**と呼びますが、先進国ではほとんどの中央銀行がこれを採用しています。

日銀の説明によると、「物価の安定を図ることを通じて国民経済の健全な発展に資すること」が金融政策の理念であり、その場合の物価の安定が、インフレ率が2％になることだということになります。しかし、日本ではこれまでインフレ率がマイナスになる状態が長く続いていました。だから、日銀がインフレ率を2％にすると言うことは、実際にはこれまで以上に金融緩和を進めると宣言していることを意味しました。

ただし、このインフレ・ターゲティングは、金融緩和か金融引締めかという次元の話では収まらない、重要な意味を持っています。というのは、中央銀行がその時々でいろいろ望ましい政策を模索するより、「私たちはインフレ率が○○％になるように、金融政策を進めます」と宣言してその目標を追求したほうが、金融政策に関する余計な憶測を人々に抱かせず、経済の安定化にも貢献できるという考え方があるからです。経済政策をめぐっては、「裁量」と「ルール」のどちらが望ましいかという議論が昔からありますが、インフレ・ターゲティングはルールのほうを重視すべきだという立場をとっています。

†日銀による大胆な取り組み

アベノミクスの下で始まった金融緩和の第二の特徴は、その大胆さです。日銀は2％というインフレ率の実現を目指すために、あらゆる手段を講じると宣言しました。その中身をここで詳しく説明する余裕はありませんが、次の3つの手段が講じられたことを押さえておきましょう。

まず、インフレ率を高めるためには、世の中のお金の量、つまり、マネーストックを増やす必要があるのですが、日銀はそのためにマネタリーベースの増額ベースを大幅に引き上げました。量を増やすだけではなく、満期までの期間が長い国債の買入を増やしたほか、これまでは手を出さなかったタイプの金融商品の買入を増やしました。これを**量的・質的金融緩和**と呼びます。

次に打ち出したのは、**マイナス金利付き量的・質的金融緩和**です。銀行が日銀に預けることを義務づけられている準備預金には利子がつきませんが、それを上回る預金（超過準備預金）にはそれまで利子がついていました。ところが、日銀はこの仕組みを改め、銀行が日銀に新たに預けるお金のうち、超過準備預金にはマイナス金利を適用する、つまり、手数料をとることにしたのです。日銀はそれまで、国債などの資産を大量に買い入れて世の中のお金の量を増やそうとしたのですが、銀行は、借り手がいないので日銀当座預金に戻すだけでした。それでは意味がないので、「日銀にお金を預けたら手数料をもらいます。銀行の皆さんは、お金をほかのところで運用してください」という手段に出たわけです。

さらに、日銀は、短期金利だけでなく、長期金利も操作の対象とする**長短金利操作付き量的・質的金融緩和**も行いました。長短金利操作は、**イールド・カーブ・コントロール**（YCC：Yield Curve Control）とも呼びます。短期金利だけでなく、長期金利も操作目標にしたのです。この手段は、当初は、低めになり過ぎた長期金利を是正する目的で打ち出されました（長短金利差がある程度ないと、金融機関の収益が悪化するためです）。しかし、その後、長期金利には上昇する圧力が掛かり、日銀は国債を購入して長期金利の上昇を抑えようとしました。

日銀は今後、こうした異次元の金融緩和を次第に調整し、緩和前の状況に戻る動き（出口戦略）を本格化させるでしょうし、その兆しはすでに見られています。そうした金融政策の変更過程のなかで、景気やインフレ率、そして金融機関や企業、消費者の行動がどのような影響を受けるのか、たいへん興味深いところです。

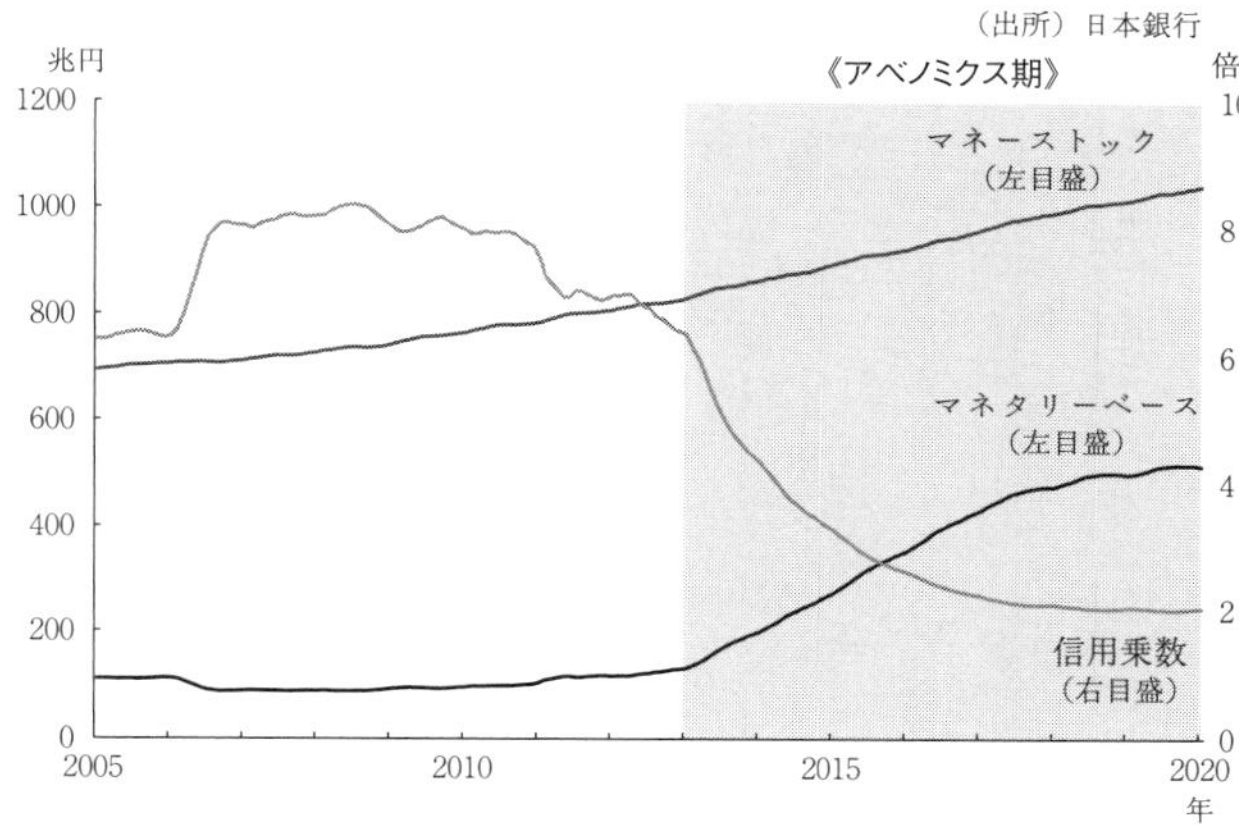

図10　マネタリーベース・マネーストック・信用乗数の推移

†金融緩和は効果があったのか

アベノミクスの下で日銀が展開した、こうした大胆な金融緩和は効果があったのでしょうか。専門家の間で多くの議論が行われており、意見が大きく分かれています。もう少し時間が経ってからでないと正確な評価は下せないでしょう。しかし、読者の皆さんに考えてほしいのは、日銀の金融政策が想定したはずの「マネタリーベースをうんと増やせば、マネーストックもしっかり増える」という経路がどこまで実現したか、という点です。

そこで、**図10**を見てみましょう。この図は、アベノミクス期におけるマネタリーベース、マネーストック、そして後者の前者に対する比率である信用乗数の動きを見たものです。アベノミクスが本格化した2013年以降、マネタリーベースは伸びを大きく高めています。大胆な金融緩和が行われたことが、ここからも確認できます。

ところが、肝心のマネーストックの増加ペースに目立った変化はありません。つまり、日銀の金融緩和は、マネーストックを大幅に膨らませるまでには至らなかったのです。その結果、（マネーストックをマネタリーベースで割った）信用乗数は大きく落ち込みました。そして、マネーストックがそれほど加速しなかったので、インフレ率もなかなか上向かなかったという面もあるでしょう。

あるいは、次のような説明もできるかもしれません。「信用乗数が大きく低下したので、マネーストックをこれまでのようなペースで増加させるためには、日銀はこれまでより大胆な金融緩和を行ってマネタリーベースを膨らませる必要があった。そうしないとデフレがさらに進行していたはずだ」と。

どちらの説明を採用するかで、日銀の金融政策に対する評価が大きく違ってきます。前者なら評価は否定的、後者なら肯定的になるでしょう。しかし、どちらを選んでも、なぜ信用乗数がここまで大きく低下したのか――言い換えれば、金融政策が波及する度合いがなぜここまで弱まったのか――という点が気になります。

世の中にお金が潤沢に出回るようになったはずなのに、銀行はお金を企業に貸し出そうとは思わず、企業もお金を借りようとは思わなくなりました。どうしてそうなったのでしょうか。日本経済が「やる気」をなくしたのかもしれません。日銀の政策変更が、銀行や企業のそうした行動の変化のきっかけになったかもしれませんし、関係なかったのかもしれません。

議論がこのあたりにくると、この本では手に負えない領域に入ります。筆者もきちんとした答えをもっていません。興味のある読者は、ご自身でぜひ研究を進めてください。

第 6 章

税金と財政のあり方を考える

第3章では、市場メカニズムだけでは解決できない問題が存在すること、そして、政府が一定の役割を果たす必要のあることを説明しました。本章では、その政府の役割を、政府をめぐるお金の出入りに注目しながら、より具体的に考えていくことにしましょう。

私たちはさまざまなサービスを行政から受けています。社会福祉や教育、外交や警察、公共事業などその内容は多岐にわたっています。そしてその財源のかなりの部分は、私たちの納めた税金です。高校生の皆さんの中には夏休みに公立の図書館で勉強する人もいるでしょうが、図書館の本の購入費やそこで働いている人たちの給料は、税金によってまかなわれています。

一方、その税金はどのように支払われているのでしょうか。皆さんのご両親が、会社などから得られた給料から支払うという形だけでなく、さまざまな形で税金は支払われています。高校生の皆さんも、コンビニエンス・ストアでお菓子やジュースを買うときに、消費税を支払っています。私たちは税金を納める義務があります。その義務を果たさないと、何らかの罰則を受けることになります。

しかし、私たちが納めた税金は有効に活用されているのでしょうか。また、私たちが受け取る行政サービスの財源は、税金だけで間に合っているのでしょうか。財政赤字が膨らんで大変だという話もよく耳にします。

本章のテーマは財政ですが、制度の紹介はできるだけ簡単に済ませて、制度や政策のあり方をめぐるさまざまな意見対立を眺めてみることにします。読者の皆さんは、財政をめぐって経済学の中でさまざまな意見対立があることに驚かれるかもしれません。しかも、どのような立場を採っても、それをサポートする経済学的な根拠がきちんとあるのです。

1 「大きな政府」vs「小さな政府」

†なぜ税金を納める必要があるのか

私たちは、政府に対してさまざまなことを要求します。福祉を充実してもらいたい、教育に力を入れてもらいたい、道路を整備してもらいたい……。こうした行政サービスを行うための財源が、私たちの納めた税金です。しかし、私たちは、税金はできるだけ安くしてもらいたいとも思います。

しかし、物事にはバランスが必要です。政府が行政サービスを充実させればさせるほど、そのためには財源が必要になり、それは結局、国民が負担しなければならないはずです。もちろん、公共事業に回っていた分を福祉に回す、あるいは、家計に対する税金を減らして、その分を企業に負担させるという工夫はできるでしょう。しかし、公共事業もそんなに減らしてもらっては困るという声が必ず出てきますし、企業の税負担を強化すれば、収益が落ち込んで景気が悪化するかもしれません。行政サービスの充実度とそれを支える国民の負担の大きさには、やはりある程度の連動性があると考えるべきです。

†「大きな政府」の弊害

私たちは、どのようなタイプの政府を選択しようとしているのでしょうか。例えば、社会福祉が充実し、教育も無料で受けられる、その代わりに、税負担は重くなってもかまわないという選択肢が一方にあります。それに対して、税負担はできるだけ低く抑える、その代わりに、行政サービスはそれほど充実していなくてもかまわないという選択肢もあるでしょう。前者がいわゆる「**大きな政府**」、後者が「**小さな政府**」です。

「大きな政府」「小さな政府」にはそれぞれ一長一短があり、どちらが優れていると判断することは容易ではありません。しかし、日本の政府がますます「大きな政府」に向かっていることは誰の目から見ても明らかです。財政規模はどんどん膨らんでいますし、近年では、「○○庁」という形で役所の数がずいぶん増えています。はたして、こうした傾向を手放しで喜んでよいのでしょうか。

経済学は、市場原理を重視するという立場に立っていることもあり、「大きな政府」には否定的な見方をする傾向があります。「大きな政府」の弊害としては、行政サービスの運営が非効率になるという点がまず挙げられます。企業経営の場合だったら、収益が上がらなければ倒産してしまいますから、効率性を高めるための経営努力を強いられます。しかし、政府の場合は、赤字を出してもすぐにつぶれるということがありませんから、効率性を維持・向上させるという誘因が簡単には出てきません。また、店を経営している人なら、顧客のニーズをつねに的確につかむ必要がありますが、政府の場合は、建前はそうであってもうまくいかない面があります。

しかし、その一方で、「小さな政府」を目指せば、政府が抱えている問題がすべて解決されるというのも、楽観的過ぎる考えです。すでに説明したように、政府にはどうしても果たさなければならない役割があるからです。その役割をも政府が放棄し、市場メカニズムに任せてしまうのは望ましいこととはいえません。もちろん、「大きな政府」の弊害をなくすためには政府をスリム化する必要がありますが、ものには限度があります。

国民負担率――政府の大きさを示す指標

それでは、政府の大きさはどのように測るのでしょうか。日本特有の概念として、**国民負担率**というものがあります。これは、私たち（企業を含む）が納める税金や社会保険料が、私たちの得た所得である国民所得に占める比率を意味します。この国民負担率は上昇傾向にあり、最近では50％近くに達しています。

読者の皆さんは、中学校や高校の歴史や日本史の授業で、「五公五民」という言葉を学んだことがあると思います。江戸時代の農民は、収穫量の半分を年貢として納め、残りの半分を手元に残していました。現在の日本でも、その「五公五民」に近い状況になっており、新聞などでもしばしば取り上げられます。「私たちは、ずいぶん苦しい思いをしているんだな」と思うかもしれませんが、注意すべき点がいくつかあります。

まず、私たちは税や社会保険料を納める一方で、政府から行政サービスを受けるわけですから、国民負担率が高いのはよくないことだ、とは一概には言えません。社会保障給付が充実しているヨーロッパでは、国民負担率が日本より高く、50％を超えている国は少なくありません。国民負担率の上昇を批判するのなら、社会保障給付を削減すべきだと主張するのが理屈なのですが、そんなことを言い出す人はあまりいません。

さらに、国民負担率の計算には問題があり、日本以外では通用しません。とくに、負担率を計算する分母の国民所得には、その定義上、消費税、外国では消費税に対応する付加価値税が含まれません。そのため、付加価値税率が日本よりかなり高いヨーロッパ諸国では、分母がその分小さくなり、国民負担率が高めになります。正確な国際比較のためには、分母にGDP（国内総生産）を用いるべきなのです。

こうした問題点はありますが、「国民負担率が高くなるほど、私たちは行政サービスの水準や内容に厳しい目を向けるべきだ」と主張することはできるでしょう。

2 税金の納め方と使い方

†直接税と間接税――いずれも一長一短ある

それでは、財政に関するもう少し具体的な話に入りましょう。私たちは、どのような形でお金を政府に納めているのでしょうか。そして、政府はそのお金をどのように使っているのでしょうか。前節で述べたように、政府に納めるお金としては、税金だけでなく社会保険料も大きな比重を占めていますが、ここでは説明の都合上、税金、しかも国に納める税、すなわち国税に話を限定します。

税金の納め方には、2つのタイプがあります。読者の皆さんは、お父さんまたはお母さんの給料の明細書を見たことがあるでしょうか。給料の明細書を見ると、所得税（源泉徴収税）という税金が給料から差し引かれていることがわかります。これは、私たち国民が給料という所得を受け取った場合、税金を納める義務を持っているからですが、その税金は税務署にそのまま払い込まれています。この所得税のように、納税義務のある者が直接納める税金を**直接税**といいます。企業も自分のもうけにもとづいて法人税という税金を納めていますが、この法人税も所得税と並んで最も重要な直接税の1つです。

もう1つのタイプは、納税義務のある者と、実際に税金を負担する者とが異なる税、すなわち**間接税**です。その代表が消費税です。消費税を納める義務があるのは、実はお店の人たちです。ところが、お店の人は消費税分を商品の売値に上乗せして、その分を私たち消費者に負担させます。つまり、消費税は私たち消費者が税務署に支払っているのではなく、私たちから受け取った税金をお店の人が支払うという間接的な税です。その意味で、消費税は間接税と呼ばれるのです。消費税だけでなく、酒税やたばこ税なども間接税です。

消費税が導入されたのは、1989年4月でした。消費税導入の根拠として、政府は当時、「直間比率の是正」という点を挙げていました。それまでの日本の国税は、所得税・法人税など直接税の比重が高く、それを消費税の導入で是正しなければならないというのがその趣旨でした。なぜ直接税に偏重していると問題なのか、その説明もいくつか試みられました。しかし、直接税と間接税の最適な組み合わせを見つけ出すことは容易なことではありません。どちらも一長一短があるからです。

直接税の代表選手である所得税は、所得の高い人ほど税率が高い、つまり高所得者ほど多くの社会的貢献を求める仕組みになっています。これを税の**累進性**《るいしんせい》といいます。それ自体は、望ましい特徴といえるでしょう。しかし、あまりに税率が高くなると人々は働く意欲を失ってしまうかもしれません。さらに、すべての人について所得をきちんと捉えられるか(捕捉)という問題もあります。日本では、会社員や公務員に比べて、自営業や農業従事者の人たちの所得がなかなか捉えにくいという問題があります。

一方、消費税に代表される間接税は消費をすれば必ず課税される税なので、人々の所得をいちいち調べる必要はありません。さらに、間接税は、直接税の所得税ほどには人々の働く意欲との関係も強くないと考えられています。しかし、所得の低い人ほど自分が得た所得のうち消費に回す割合が多くなるはずなので、間接税は所得の低い人ほど負担が重いという問題点を持っています。これを税の**逆進性**といいます。消費税導入に際して、税率の引き上げに対する反対論の最大の根拠は、この逆進性でした。

このように、直接税と間接税はお互いの欠点を補い合うという面を持っています。そのため、どちらかだけで税を集めるのが望ましくないことは明らかです。それでは、どのような組み合わせの仕方がよいのでしょうか。この点については、経済学者や財政学者によって研究が進められています。そしてこの問題は、効率性と公平性の組み合わせをどのように考えるかという、より大きな問題にもかかわってきます。だからこそ、万人が納得するような解答を得ることがむずかしいのです。

†必需品にこそ高い消費税をかけるべき?

消費税のあり方についても、公平性と効率性の対立の構図が顔を出します。

日本の消費税率は2019年10月に8%から10%に引き上げられました。しかし、ヨーロッパ諸国を見ると、日本の消費税に相当する付加価値税の平均的な税率は20%程度に達しています。日本でも、少子高齢化の進展で膨らむ社会保障の財源を確保するために、この消費税の税率を引き上げるべきだという声があります。

消費税の税率が2桁台に乗るようになると、消費税の仕組みについて再検討する必要が出てきます。前項で消費税には逆進性という問題があることを説明しましたが、とりわけ食料品など必需品に高い消費税をかけることは、所得の低い層にとって不利になるとしばしば指摘されます。低所得層ほど必需品に対する支出の比重が高いからです。

実際、付加価値税がすでにかなり高くなっているヨーロッパ諸国では、食料品などが非課税扱いにされたり、税率が低く設定されたりしていることが普通です。5%から10%程度の税率なら、必需品に同じ税率をかけてもそれほど大きな問題にはならないかもしれませんが、税率が高くなると事情が違ってきます。

ところが驚くなかれ、経済学的に考えると、生活必需品にこそ高い税率をかけるべきだという主張も導かれるのです。というのは、税率を高くしても、人々は必需品の購入をすぐに抑制しようとはしないからです（そうでなければ、必需品とはいえないでしょう）。とすると、税務署にとって最も手っ取り早く税収を確保する方法は、必需品のように需要が価格の変化にあまり敏感に反応しない商品——そうした商品を、需要の価格弾力性が小さい商品と呼ぶことは、第1章で説明しました——にこそ、高い税率をかけることになります。

このような発想は、経済学ならではのものだと思いますが、まったく非現実的なものとはいえません。たばこにかかっている税金を考えてください。たばこには、消費税を大幅に上回る税率、具体的に言うと6割以上の税率がかけられています。これでは、まるで税金を納めるためにたばこを買っているようなものです。なぜこのような高い税率がかけられるのでしょうか。それは、たばこを吸う人にとっては、税金が高くなってもそう簡単にたばこをやめることができないからです。酒にかかる税金が高いのも——ビールの場合なら売値の4割強——これと同じ理由です。

価格が高くなっても需要がなかなか落ちない、つまり需要の価格弾力性の小さいたばこや酒に、高い税金をかけてやろうという仕組みは、なかなか合理的（狡猾《こうかつ》？）です。このカラクリを知ったらたばこや酒を買う気がなくなってもおかしくないのですが、にもかかわらずせっせと税金を納めている人たちは山のようにいます。それほどたばこや酒は魅力的なのです。もちろん、たばこや酒と一般的な必需品とを同列に扱うことはできません。しかし、税金をかけても人々の購入行動があまり変化しない財やサービスにこそ、税金を集中的にかけるべきだというのは、それはそれなりに理に適《かな》った考え方です。

消費税率のあり方については、所得の違う人たちの税負担をどのように考えるのかという公平性の視点だけではなく、どうすれば人々の消費行動に大きな影響を及ぼさずに税を集められるかという効率性の観点からも検討すべきである、というのが経済学の発想です。その公平性と効率性の折り合いをつけるという点から言えば、例えば、すべての財に同じ消費税率をかけてもよいという考え方が出てきても不思議ではないのです。

むしろ、消費税の税率を品目別に操作して、公平性を追求しようというのは、はなはだ間接的な手段です。公平性の追求なら、所得を直接再分配したほうが手っ取り早いはずです。税金なら、所得の大きさで税率が異なる所得税に任せたほうが直接的でしょう。ただし、そのためには、所得の大きさがきちんと把握されているという前提が必要です。

†公共投資の経済効果――乗数効果

話を税金の使い方に移しましょう。税金の使い方を決めるのが、国の予算です。その予算を作るプロセスを、予算編成といいます。その予算編成の中で、景気との関係でよく注目されるのは、公共投資（公共事業）にどれだけ予算が使われるかでしょう。道路や港湾を整備したり、公共の施設を建設したりする公共投資のためのお金がそこに含まれています（公共事業費には土地の購入費も含まれていますが、土地の購入は付加価値を生み出すものではないので、GDP（国内総生産）には直接影響を及ぼしません）。

公共投資は、景気対策の重要な手段としてしばしば位置づけられます。景気が不況に陥っているのは、世の中の需要が不足しているからだ、だとすれば政府が財やサービスを購入すればよい、というのがその発想です。公共施設を建てるためには、政府は建設資材を購入し、そこで働く建設労働者の労働サービスを購入します。いずれも、付加価値が発生し、GDPが膨らみます。実際、これまでの不況期においても、政府が積極的に公共投資を増やし、景気の浮揚を目指すことがよくありました。

公共投資については、**乗数効果**が働くということがしばしば指摘されます。1兆円公共投資を増やせば、1兆円以上のGDPが生み出されるというのが、乗数効果の意味するところです。なぜそのようなことが起こるのでしょうか。

理屈はそれほどむずかしくありません。政府が1兆円の公共投資を行うと、それだけのGDPがまず生まれます。公共投資を請け負った建設会社がそれだけの仕事をして、その見返りに1兆円を政府から受け取ることになるからです。ところが、その建設会社で働いた人たちは、公共投資のために働いて得たお金で、例えばレストランで食事をします。その分は、消費としてGDPに加わります。レストランで働いている人たちの給料も増えるでしょう。そして、レストランの従業員もどこかで買い物を増やすはずです。このように、1兆円の公共投資は、GDPを1兆円増やすだけでなく、それ以上のGDPを生み出すことになります。これが乗数効果といわれるものです。

公共投資に乗数効果があることは、景気対策として公共投資を積極的に活用すべきだという主張につながります。政府が少し需要に火をつけてやれば、それが引き金となって民間の需要も誘発されるという展開が期待されるからです。そこで問題になるのは、この乗数効果がどの程度かという点ですが、1兆円公共投資を増やせば1・3兆円程度GDPが膨らむという試算があります。このとき、「公共投資の乗数は1・3である」と言います。

†乗数効果の2つの「落とし穴」

しかし、この乗数効果には2つの「落とし穴」があります。1つは、実際の予算編成にかかわるもの、もう1つは、理論的なものです。まず、前者から説明しましょう。

景気対策として公共投資が用いられるのは、年度の途中で補正予算が組まれる場合です。当初予算に盛り込まれた公共投資では力不足であることがわかったので、公共投資を追加しようというわけです。このとき、確かに乗数効果は発生するでしょう。しかし、次の年度の当初予算で、せっかく引き上げられた公共投資が、元の水準に引き下げられたらどうでしょうか。今度は、マイナスの乗数効果が発生してしまうのです。

つまり、公共投資の乗数効果がきちんと発揮されるためには、いったん引き上げられた公共投資の水準をそれ以降も維持していかなければなりません。もちろん、年度途中の公共投資の追加で、景気が順調に上向き、翌年度は公共投資による景気の下支えは要らなくなっている、という状況も十分考えられます。しかし、そこまで景気が上向いていない段階で公共投資の水準を元に戻すと、むしろそれが景気の押し下げ要因になってしまいます。実際、これまでの不況期においても、日本の公共投資は当初予算で抑制され、補正予算で追加されるというパターンを繰り返してきました。公共投資の乗数効果はひところに比べて落ちたとよくいわれますが、やり方がまずかったという面も少なからずあったように思います。大学の経済学の授業や教科書でも、この辺はあまりしっかり教えていないようですので、この際理解しておいてください。

もう1つは、理論的な問題点です。公共投資が増えれば、確かにその分のGDPは増えます。公共事業に従事した人たちのフトコロはうるおいます。しかし、それ以上の効果は発生しないはずだ、という理屈が成り立つのです。

ここでちょっとした〝頭の体操〟をやってみましょう。政府が公共投資を1兆円増やそうとする場合、その財源はどこから調達するでしょうか。通常は、1兆円分の国債を発行して、民間からお金を借ります（利子もつける必要がありますが、ここでは無視しましょう）。その1兆円というお金は将来、国債を購入してくれた人たちに返さなければなりませんが、では、そのお金を政府はどうやって調達するのでしょうか。政府は将来時点で、1兆円の増税を行わなければなりません。人々がその増税を的確に予想したとすれば、それに備えて1兆円だけ貯蓄をするはずです。

その1兆円の貯蓄を、人々はできるでしょうか。答えは「イエス」です。公共投資によって1兆円だけの所得が増えているからです。つまり、人々は、公共投資で働いて得た1兆円を、消費には回さずにすべて貯蓄に回すことになります。したがって、公共投資を1兆円増やしても、GDPが1兆円増えるだけで、それを上回る波及効果は発生しないことになります。ついでに言えば、人々は1兆円という貯蓄を、国債を購入するという形で行っています。政府が発行した1兆円という国債は、将来の1兆円の増税に備えようとする人々によって、ちょうどそのまま購入されることになるのです。

つまり、1兆円の公共投資を行っても、GDPは1兆円しか増えないことになります。ところが、話はここで終わりません。政府が公共投資を増やしたとき、そのおかげで民間企業の設備投資が抑制されてしまうことも考えられます。建設資材や労働者が不足する場合です。景気が極めて深刻な状態ならこうしたケースはあまり考えられませんが、もしこの議論が正しいとすれば、公共投資の乗数は最も高い場合でも1だということになります。

こうした議論はどこまで正しいのでしょうか。ポイントは、人々が将来における負担の増加をどこまで合理的に考慮して行動するか、です。経済学は人々が合理的に行動することを前提にしてロジックを組み立てていく学問です。しかし、人々が合理的であればあるほど、公共投資の乗数効果は小さくなります。そして、人々が将来の負担の増加をあまり真剣に考えず、現在のことだけを考えて行動すればするほど、公共投資の乗数効果は大きくなります。これは、皮肉な話といわざるを得ません。公共投資の乗数効果に期待することは、人々が非経済学的に行動することを想定していることになるからです。

同様の状況は、減税の効果についても成り立ちます。政府が減税の実施を決定したとき、すでに予定していた歳出を維持しようとすれば、足りない分を国債で調達しなければなりません。その国債の償還財源のことを考えたとき、人々はどのように行動するか。人々が完全に合理的に行動すれば、人々の消費を増やすはずの減税は、何の効果も生まないことになります。その理由の説明は、読者の皆さんへの宿題としておきましょう。

3　財政赤字をめぐるさまざまな議論

†財政赤字はなぜ望ましくないのか

次に、財政赤字の問題を考えることにします。

私たちが買い物をする場合、財布の中にあるお金の額と相談しなければなりません。財布の中に1万円あれば、買い物の上限は1万円です。それ以上の買い物をしようと思えば、誰かから借金をする必要があります。限られた所得の中で、家計のやりくりをしなければなりません。買い物が多すぎると借金をしたり、貯金を取り崩したりすることになります。借金が重なると台所が〝火の車〟となり、最悪の場合は、自己破産が待っています。

事情は、政府の場合も同じです。財政赤字とは、国や地方自治体が行うさまざまな行政サービスの経費のうち、税収などによってはまかなえない額のことです。政府も、社会保障や公共投資など行政サービスを行う上でお金が必要なのに、税収などがそれに届かない場合は、借金をする必要があります。その借金が財政赤字であり、そして政府は財政赤字に相当する分の国債（地方自治体の場合は地方債）を発行しなければなりません。

財政赤字のどこがよくないのでしょうか。通常の説明はこうです。まず、政府の財政運営がむずかしくなります。国債や地方債は政府の借金ですから、いつかは返さなければなりません。その借金の返済や利払い負担が膨らむため、政府は次第に国民や住民のニーズに合った行政サービスを提供することが困難になります。しかも、行政サービスがそれほど簡単に削れないとすれば、財政赤字を出して国債を発行し、またその償還や利払いに苦しむという悪循環が生まれます。まさに政府が〝借金地獄〟に陥ることになります。

しかし、財政赤字が一般家庭の赤字と違う点は、赤字を垂れ流しても、そのままにされやすいということです。一般家庭の場合は、借金が膨らんでいけば生活費を切り詰めるといった対応を余儀なくされます。しかし、財政赤字がいくら膨らんでも、私たちは行政サービスへの要求をなかなか引き下げようとしません。国債を発行して財政赤字を埋め合わせすれば、とりあえず財政赤字の問題は私たちの日常生活に影響を及ぼさないからです。

政府が赤字を垂れ流すことができるのは、政府に徴税権があるからだとよく説明されます。国債が膨らみ、償還のためにお金が必要になったとしても、国民に税金を課せばそのお金を調達することができます。それが期待できるからこそ、財政赤字の拡大に歯止めがかかりにくいという面があるかもしれません。

なお、財政収支の動きを見る指標として、**基礎的財政収支**（**プライマリー・バランス**）という指標があり、政府もその均衡を目指しているので、メディアにもしばしば登場します。これは、その時点で政策的に必要とされる経費を、その時点の税収等でどれだけまかなえているかを示す指標です。要するに、財政が「身の丈《たけ》」にあった形で運営されているかどうかをチェックする指標です。ただし、ここで注目する経費には、国債費（国債の元本返済や利子の支払いに充てられる費用）は含めません。国債費は、その時点の政策とは無関係にすでに決まっているからです。

†将来への負担の先送りは可能か

それでは、政府はどれだけ借金を抱えているのでしょうか。こうした議論をする場合、「政治・経済」の教科書等では、国債の発行額や残高の動きを見るのが普通ですが、ここでは、国だけでなく地方自治体などを含む政府全体の借金に注目しましょう。その借金も、毎年発生する財政赤字ではなく、政府にこれまでに積み上がった借金残高、つまり金融債

（出所）内閣府「国民経済計算」

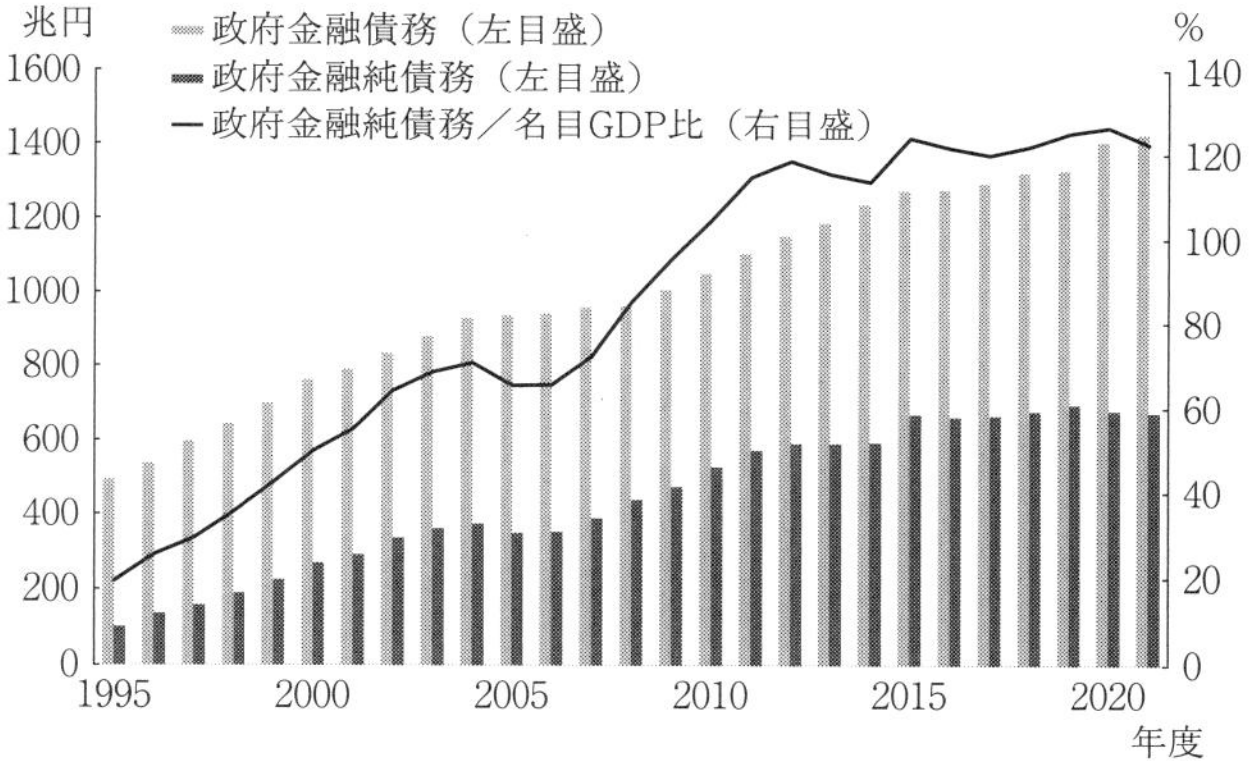

図11　政府が抱える金融債務・金融純債務

務――その4分の3以上は国債です――がどれだけあるかを見てみます。

ただし、政府は債務を抱える一方で、資産も持っています（ここでは、土地や建物は考えず、金融資産だけに注目します）。例えば、政府は後述する年金の支払いのために、保険料の一部を年金積立金として国債や株式に運用しています。政府がどれだけ借金を抱えているかを考える場合、こうした金融資産を差し引いた純債務に注目するほうが適切です。

図11は、政府の金融債務と金融純債務の動きを見たものです。政府には金融資産も結構あるので、それを差し引いた金融純債務を見ると、借金の度合いはずいぶん軽くなるように見えますが、それでもGDPの120％を

上回るに至っています。この値は、先進国で第1位となっています。

しかし、こうした説明は、財政のやりくりをする政府にとって財政赤字が大きな問題だと言っているだけです。これだけを聞いて、「なるほど。財政赤字は大変だ。削減しないといけないね」と理解してもらっても、それだけで終わるのでは困ります。財政赤字は、私たち国民にとってどういう意味を持っているのか――こちらのほうが経済学では重要な問題なのです。

財政赤字は、政府が行う行政サービスに必要な財源のうち、税収ではまかない切れずに将来に先送りしている部分です。簡単に言えば、私たちは分不相応な生活をしていることになります。その部分は、将来自分たちが、あるいは将来世代が負担しなければならないはずです。これは、あまり望ましいことではないと私たちは何となく思います。

ところが、次のように考える人が出てくるかもしれません。財政赤字が望ましくないといっても、負担を将来に先送りできるのならどんどん先送りし続けていけばよいではないか――。これは、政府が合法的な〝借金踏み倒し〟戦略を採用することを意味しますが、本当にできるのでしょうか。もしできれば、財政赤字の問題は霧消してしまいます。

ここは重要な点ですので、じっくり考えてみましょう。政府は赤字が発生した場合、借用証として国債を発行します。この国債は、なぜ発行できるのでしょうか。購入してもよいと考える人たちがいるからです。彼らが国債を購入してもよいと考えるのは、その国債を保有していれば——あるいはそれを遺産の一部として子孫に残せば——期日が来たときにそれをお金に換えてあげますと政府が約束してくれているからです。

その約束が確実に守られているかぎり、国債は、(政府にとっては負債であるとしても)国民にとっては立派な資産といえます。しかも、その国債を保有していれば、政府がその償還のために国民に税金を課しても、その国債を換金すれば税金を無理なく納めることができます。このような状態が続く限り、政府は国債を発行し続けることができます。

つまり、「国債は政府にとって負債であると同時に国民にとって資産である、したがって両者は相殺されるから、財政赤字の拡大や国債の累積は何も心配しなくてよい」ということになってしまいます。「へえ〜そうなのか」と驚く読者も多いことでしょう。この問題は重要なので、次節で改めて取り上げることにします。

＊なお、日銀は現在、国債を大量に買い入れているので、日銀を政府に含めたら政府の赤字は軽くなる、という説明を耳にすることがあります。この説明自体は間違っていませんが、そこで問題にしているのは、あくまでも〝政府〟のやりくりの姿をどう見せるかです。政府や日銀だけでなく、(国債を資産

として保有している）企業や家計も含め、国を一体として考えたらどうなるでしょうか。国債をめぐる貸し借りの関係は、日銀を政府に含めるかどうかといった話とは無関係に、初めから打ち消し合っていることに改めて注意してください。

†景気回復が先か、財政再建が先か

ここでは、問題をもう少し足元の現実的な話にとどめ、景気回復が先か、財政再建が先かというよく耳にする問題を考えてみましょう。景気が悪くなっているときには、政府に対して公共投資の増加や減税など景気対策を求める声が高まります。そして、そうした景気対策を政府が行うと、財政赤字はさらに増大します。そのため、景気対策が先か、財政再建が先かという議論がしばしば起こります。

景気対策を優先すべきだと主張する人たちは、次のように言います。「政府が財政面から景気対策を行えば、確かに財政収支は悪化するだろう。しかし、景気対策によって景気が上向けば人々の所得も高まり、税収も増加するから、長期的には財政赤字は縮小に向かうはずだ。逆に、いま財政再建を強行すれば景気はさらに落ち込み、税収がいっそう減少して財政再建を進めることがむしろむずかしくなる」。これは、なかなか説得的なロジックです。実際、日本の財政政策はこれまでの不況期において、こうした発想の下で景気回復を重視するスタンスをしばしばとってきました。

この点については、政策担当者や経済学者、エコノミストの中でも意見が鋭く対立しています。何を政策的に重視すべきかという、視点の違いがあるからです。財政再建という、国民にとってメリットがはっきりしない政策を追求するより、足元の不況をなんとかしてほしいという主張には、やはり一定の説得力があります。その一方で、ここまで少子高齢化が進み、経済成長の将来見通しが暗くなると、膨らみ続ける財政赤字の重みに自分たちあるいは将来世代が耐えられなくなるのではという不安感が、人々の間で広がっているようにも見えます。

そこで次節では、財政をめぐる問題を「世代」という概念を意識して少し長期的に考えてみることにしましょう。

4　世代と世代の利害対立

†各世代で分かち合う財政負担

国債の発行は、政府の提供する行政サービスの負担（の一部）を、将来に先送りすることだとすでに述べました。次に考えたいのは、行政サービスの財源を負担する場合、現在世代（現時点ですでに税金を納めている人たちをそう呼ぶことにします）と将来世代との間で、利害対立が発生するのではないか、ということです。毎年の財政収支の動向だけでは、財政の議論はどうも済まないような気がします。

例えば、現在世代が政府に対して行政サービスの充実を要求したとします。政府がその要求に応えるためには、現在世代にいままで以上の税金を課さなければなりません。ところが、現在世代が「負担の増加は嫌だ」と言えばどうなるでしょうか。政府は、財政赤字を埋め合わせるために国債を発行し、将来世代に負担を先送りするしかありません。

読者の皆さんはこれまで、さまざまなところで民主主義がいかに重要かということを学んできたと思います。しかし、民主主義は、しょせん現在世代の多数意見を反映する意思決定の仕組みにすぎません。そしてそこでは、将来世代の利益は現在世代のそれより軽視されがちです。そのため、財政のあり方についても、将来世代に負担を先送りするような決定が下される傾向が見られることになります。

逆に、私たち現在世代が行政サービスの充実を政府に求めなかったり、あるいは、負担の増加を受け入れたりすれば、将来世代が背負うことになる負担は軽減されます。

つまり、財政という仕組みを媒介にして、現在世代と将来世代は対立し合う関係にあるのです。もちろん、この対立関係は今に始まったものではなく、昔から成立していたはずです。しかし、人口が順調に拡大し、人々の所得が速いペースで拡大しているうちは、将来世代への負担の先送りは大きな問題ではありませんでした。負担を1人当たりで見ると、分母がどんどん大きくなるので、この分数の値は遠い将来には無視できるくらいに小さくなるからです。ところが、少子高齢化が進むと、将来世代が背負う負担については、とりわけ1人当たりで見る場合、果たして背負い切れるだろうかという懸念が出てきます。

負担を将来世代に先送りしている典型的な仕組みは、公的年金です。年金についても、高校の「政治・経済」で説明されているはずです。しかし、そこでは社会保障の制度の1つとして説明されているだけで、皆さんは、経済学で年金を語れるのか不思議に思うかもしれません。事実、社会保障の専門家の中には、社会保障のあり方を経済学の手法で議論することを否定的に受けとめる人たちも数多くいます。

しかし、社会保障については、経済学による分析や政策提言を行うことができます。ここでは財政との関連に絞って話をしてみましょう。

†年金の仕組みと改革の方向

まず、年金とはどのような仕組みなのでしょうか。会社勤めをやめ、引退生活に入ったときに、毎日の生活に困らないように、若いうちから少しずつお金を政府に預けておき、歳をとってからその分を受け取る仕組み――それを**積立方式**といいます――というのが、私たちの抱いている年金のイメージでしょう。ところが、そのイメージは間違っています。

なぜかというと、私たちが働きながら政府に納める年金の保険料の大半は、私たちが老後に受け取る年金の財源となるのではなく、いま引退生活を送っている人たちの年金の財源となっているのです。それでは、私たちの年金は誰が支払うのでしょうか。将来世代の人たちが支払うのです。このように、年金は負担を次の世代へと順繰りに先送りすることによって成り立っているのです。この仕組みは**賦《ふ》課《か》方式**と呼ばれますが、政府が私たちに説明する場合は、「世代と世代の助け合い」（世代間扶養）という表現が使われます。年金は、世代が順繰りに助け合っていくまことに結構な仕組みであり、「ですから、皆さんも年金の保険料をしっかりと支払っていきましょうね」ということになるのですが、実はこの年金に大きな問題が発生しているのです。

　というのは、子どもの数が順調に増加していけば、この仕組みはきちんと維持できるのですが、少子高齢化によって子どもの数が減っていくと維持がむずかしくなるからです。私たちが引退後に受け取る年金の水準を維持しようと思えば、私たちより人数が少なくなる将来世代が支払う1人当たりの保険料は、引き上げざるを得ません。これは、将来世代にとって大変つらいことです。逆に、将来世代が支払う1人当たりの保険料を上げないようにするためには、現在世代が将来受け取る年金の額を引き下げる必要があります。これは、現在世代にとって困ることです。

　それではどうすればよいのでしょうか。将来世代の負担を軽減するためには、現在世代が年金の給付額の引き下げを受け入れるしか方法はありません。これは、年金の規模を縮小していくことを意味します。「自分たちの老後は、自分たちで面倒を見る」ということになります。将来世代を楽にしようと思えば、現在世代が我慢しなければならないのです。

現行の年金制度には、この問題をうまく処理する仕組みが備わっています。保険料の上限をあらかじめ決め、そこから得られる保険料収入（及び税を財源とする公費負担）の範囲内で給付水準を決めるという、**マクロ経済スライド**という仕組みがそれです。お年寄り向けの年金の総額を、若い人たちの「体力」に見合った水準に自動的に合わせるわけです。

この仕組みによって、たしかに、若いときに保険料として支払う負担の増加には歯止めがかかります。しかし、その一方で、少子高齢化が進むと年金の給付が削減されるという問題が出てきます。年金制度の持続可能性はたしかに高まるのですが、それで誰もが同時にハッピーになるというわけではありません。

年金制度については、どんな改革を行っても、少子高齢化の下ではすべての世代を同時にハッピーにすることはできません。これが、経済学から導き出される結論です。この結論から外れた政策提言、つまり、どの世代もハッピーになるような内容の改革案は、どんなスタイルをとっていても理論的に見てどこかに綻《ほころ》びがあります。

†私たちはどこまで将来世代のことを考えているか

ところが、「現在世代と将来世代の利害対立なんてナンセンスだ。年金にしても、たとえ将来世代に負担を先送りする構造になっているとしても、別にそれは深刻な問題ではない」という反論もあり得ます。というのは、私たち現在世代が、多くの負担を受けることになる将来世代のことをかわいそうに思って、生前贈与や遺産を増やしていけば別に問題はないと考えられるからです。

実際、読者の中には、おじいちゃん、おばあちゃんからお年玉をもらっている人がいるかもしれません。そのお年玉の〝財源〟は、おそらく年金です。おじいちゃん、おばあちゃんは「年金が若い世代の保険料でまかなわれているとしても、ワシらはこうして若い世代にそれをちゃんと戻しているではないか」と言うかもしれません。

これは、どちらかというと経済学に批判的な社会保障の専門家の人たちがよく持ち出してくるロジックです。しかし、実はちゃんとした経済学の考え方です。自分自身の「効用」だけでなく、将来世代の「効用」も合わせたものを最大化しようとすれば、少しは将来世代にお金を残しておこうという行動がきちんと説明できるからです。社会保障に経済学の考え方を持ち出すのはもってのほかだという人たちも、自分の主張を正当化するために知らず知らずのうちに経済学の考え方を使っているのです。

それはともかくとしても、同じ経済学のアプローチを採ってもこのように出てくる主張がまったく異なってくるとすれば、私たちはどうすればよいのでしょうか。

ポイントは、私たちがどれだけ将来世代のことを思って行動しているか、言い換えれば、将来世代に対してどこまで「利他的」かということになります。私たちが完全に利他的であれば、年金がどんなに将来世代に負担を押し付けても、問題にはなりません。しかし、私たちが自分のことだけを考えて行動しているとすれば、将来世代にお金を残さないので、将来世代は困ります。真理はその中間にあると思われますが、私たちが完全に利他的でなければ、やはり将来世代は少なくとも部分的に現在世代のために負担を強いられます。

†財政赤字や国債について改めて考える

この構造は、年金に限ったことではありません。財政赤字や国債——国債以外の政府債務、あるいは政府資産を差し引いた政府純債務に話を広げてもかまいません——について改めて考えてみましょう。

私たち現在世代が、国債の償還のために増税に直面するであろう将来世代のことを思って貯蓄を増やしているかぎり——読者は、その貯蓄が国債の購入という形をとることに注意してください——国債の累積は大きな問題とはなりません。しかし、貯蓄を増やそうとすれば、消費はなかなか伸びません。この場合は、政府が国債を発行して政府支出を増やし、景気を浮揚しようとしてもあまり効果があがりません。

一方、国債の発行による政府支出の増加で景気が上向くと考えるのは、人々が「将来世代のために」と思って貯蓄を増やしたりするようなことはせず、自分のために消費を増やすと想定していることを意味します。そして、それは同時に、将来のために残すお金が削減され、将来世代の負担が増えることを意味します。将来世代が現在世代から譲り受けるお金が、自分たちが背負わされる負担を下回るからです。

このように、社会保障や財政という政府の役割を通じて、現在世代と将来世代との利害が対立している——そうした構図を浮き彫りにしてしまうのも経済学なのです。しかし、人口が順調に拡大し、高い経済成長が続くことが十分期待できるのであれば、そうした利害対立を意識する必要はまったくありません。経済学が本来最も気にするはずの制約条件が、明確な形で姿を見せなかったからです。

しかし、人口減少が定着し、高い経済成長を期待できなくなったとすると、現在から将来にわたる資源制約を無視できなくなります。財政赤字の拡大や国債の累積に関して、見方が分かれるのは当然のことです。それでも、現在から将来にわたる資源制約を無視した主張には、経済学から見てどこかに無理があるはずです。読者は、「国債は政府の借金だが国民の資産でもあるので、問題にする必要はない」といったタイプの、私たちがよく耳にする、そして私たちを安心させてくれる主張がどこまで正しいのか、将来世代への影響も視野に入れて、じっくり考えてみてください。

第７章

世界に目を向ける

これまでの議論は、あくまでも国内での経済取引を前提として進めてきました。しかし、経済は国内で完結しているわけではありません。私たちの身の回りを見渡しても、外国からの輸入品が溢れています。また、国内メーカーの生産したさまざまな製品が外国に輸出されています。そして、最近では、国内の観光地が外国からの観光客でごった返しています。筆者はこれまで大学教員をしてきましたが、日本の大学院には中国を中心とする外国からの留学生が数多く在籍しています。

本章では、世界に目を向けてみましょう。そもそも、私たちはなぜ外国と経済的な取引を行う必要があるのでしょうか。また、外国との取引を考えると、貿易収支や為替《かわせ》相場など、これまでの章では顔を出さなかった重要な指標についても、最低限のことは知っておく必要がありそうです。

ただし、世界に目を向けるとしても、経済学の考え方を大きく修正する必要があるわけではありません。読者の皆さんは、本章の議論でも経済学の発想やアプローチがほぼそのまま使われていることに気づくでしょう。

1 なぜ外国と貿易取引をするのか

†比較生産費説の考え方

私たちが、国内で経済活動を完結するのではなく、外国とさまざまな取引を行うのは、それが私たちにとってメリットがあるからです。その理由は昔から、**比較生産費説**という考え方で説明され、高校の「政治・経済」の教科書でも、その説の提唱者である**リカード**(D. Ricardo, 1772-1823)の名とともに登場しています。

比較生産費説とは、簡単にいえば、それぞれの国が他国と比べて得意な財の生産に集中し――これを**特化**といいます――その財を外国に輸出するとともに、得意でない財の生産は外国に任せて輸入するという国際分業を行うことによって、みんながハッピーになるという考え方です。

いま、A国とB国との間の経済取引を考えてみます。両国では貿易取引を行う前に、工業製品と農産物をそれぞれ1単位生産していると想定します。つまり、両国を合わせると、工業製品と農産物でそれぞれ2単位ずつ生産されています。

表3 比較生産費説の考え方：2国の例

	工業製品1単位生産するのに必要な労働者数	農産物1単位生産するのに必要な労働者数
A国	40	80
B国	30	10

表3は、両国において、それぞれの財1単位の生産に必要となる労働者数を示したものです。A国の総労働者数は120人、B国はA国より小国で総労働者数は40人であると仮定し、ほかの財の生産はないと仮定します。

まず、農産物と工業製品のどちらでも、B国のほうがA国より少ない労働者で生産できています。つまり、いずれの財についても、B国はA国より生産性が高いわけです。こうした状態を、B国はA国に対して**絶対優位**にあると言います。

もう少し詳しく見てみましょう。A国は、工業製品を1単位生産するのに40人、農産物を1単位生産するのに80人かかっていますから、農産物の生産のためには工業製品に比べて2倍の人手が必要です。これに対してB国では、工業製品を1単位生産するのに30人、農産物を1単位生産するのに10人ですから、農産物の生産のためには工業製品に比べて3分の1の人手で足ります。

つまり、A国とB国を比べると、A国は工業製品の生産が、B国は農産物の生産が相対的に得意だと言えます。このとき、A国は工業製品の生産に関してB国より**比較優位**にあり、B国は農産物の生産に関してA国より比較優位にあるといいます。

それでは、両国が自分の得意な財の生産に特化し、それを貿易でやり取りすればどうなるでしょうか。A国は、120人の労働者全員を工業製品の生産に向けるので、工業製品は3単位生産されます（農産物の生産はゼロ）。一方、B国は、40人の労働者全員を農産物の生産に向けるので、農産物は4単位生産されます（工業製品の生産はゼロ）。

このとき、両国の生産量を合わせてみると、工業製品は3単位、農産物は4単位となります。特化する前は、両国を合わせた工業製品、農産物の総生産量はともに2単位だったので、両国の消費者が、特化と貿易取引を通じて享受できる財の総量はともに増加することになります。これが、国際分業の利益といわれるものです。

†比較生産費説から抜け落ちるもの

この比較生産費説は、なかなか魅力的です。自由な貿易取引を行えば、各国の比較優位の状況が明らかになるでしょうから、それに応じて各国で役割分担（特化）を進めれば、全体として利益が得られることになります。この説明は、国どうしの関係だけでなく、私たち個人どうしの関係でも当てはまりそうです。それぞれの得意な分野に特化して分業したほうが、グループや会社全体としての能率が高まるというのは、私たちの実感にも合っています。

しかし、皆さんはこうした比較生産費説の説明に完全に納得できるでしょうか。リカードが比較生産費説を説明するとき、産業革命期における、毛織物とワインに関するイギリスとポルトガルの取引を例に出したのは有名な話です。イギリスは毛織物の生産に、ポルトガルはワインの生産に比較優位があるので、イギリスは毛織物の生産に、ポルトガルはワインの生産に特化したら、両国とも生産量が高まるといった説明がいろいろな書物に紹介されています。

しかし、当時、産業革命の最先端を走っていたイギリスはともかくとして、ポルトガルは、「お宅の国はワインづくりがお得意なので、ワインをせっせとつくってください」と言われて、嬉《うれ》しかったでしょうか。ポルトガルも、毛織物産業を育成したいと思っていたかもしれません。比較生産費説では、イギリスとポルトガルの生産性や産業構造の違いが、現状のまま変化しないことが想定されています。この想定は妥当でしょうか。

それと同じように重要なことは、ワインの生産に特化したポルトガルが、イギリスとの貿易取引によって、(貿易取引がなかった場合に比べて) 利益を本当に得たのか、また、利益を得たとしても、イギリスと比べてどうなのかといった点です。

つまり、国際分業の利益がどのように分配されるか——そこまできちんと議論しないと、国際分業の利益の話は完結しないはずです。「貿易の結果、両国合わせたらどちらの財も生産量が増えました。よかったね」という話で終わるわけにはいきません。残念ながら、高校の「政治・経済」の教科書ではそのあたりのことが十分説明されていません。資源配分と所得分配の話を二分し、資源配分でうまくいけば、所得分配でもうまくいくだろうという、経済学特有の話の割り切り方がここにも顔を出しているようです。

†新たな貿易の動き

比較生産費説は、国によって各財の生産に得手/不得手がある、つまり、生産性に差があることを前提にして、比較優位のある財の生産に特化することによって国際分業の利益が発生すると説明しています。こうした伝統的な説明とは異なり、生産性には大きな違いはないものの、その国に存在する資源（土地、資本や労働）の相対的な量が各国の相対優位を決めて、国際分業の利益につながるという考え方もあります。

例えば、国内の労働者数は少ないが土地が豊富な国は、広大な耕作地が必要な農産物など、土地を多く必要とする財（土地集約財）の生産に適しているので、そうした財の価格は他国より低くなるでしょう。一方、この国は国内の労働者数が少ないので、サービス業や小売業など、多くの労働を必要とする財（労働集約財）は、価格が他国より高くなっているはずです。だとすれば、そうした国の国民にとっては、土地集約財の生産に特化して輸出し、労働集約財を輸入したほうが望ましいことになります。逆に、労働者が豊富な国は、労働集約財の生産に特化して輸出し、土地集約財を輸入すべきでしょう。

しかし、こうした説明は、生産性と資源量のどちらに注目するにせよ、貿易を異なる産業間の取引（**産業間貿易**）として捉えています。しかし、現在では、同じ産業に属する企業の間の貿易取引（**産業内貿易**）の比率が高まっています。日本でも、多くの自動車が外国に輸出されると同時に、外国からも多くの自動車が輸入されています。このような産業内貿易が生じてくる理由の説明は、残念ながら高校の授業の範囲を超えています。大学の経済学では、国際経済学という授業が用意されているので、興味のある読者はぜひ勉強してください。

2 貿易収支は黒字が望ましいのか

†貿易収支の捉え方

日本が外国とどのような取引を行ったか、その結果を毎月、統計で確認することもできます。そのうち、直感的に最も理解しやすいのが輸出と輸入でしょう。当然ながら、輸出は外国に売って得た代金の総額、輸入は外国から購入して支払った代金の総額です。輸出から輸入を差し引いた額が**貿易収支**です。

貿易収支については、それが黒字になるほどよいというイメージがあります。外国から財を購入してお金を支払っても、それ以上に外国に財を売ってお金を得ていれば、貿易収支は黒字になります。これは、日本が貿易取引に「勝った」結果のように見えるかもしれません。実際、新聞等での報道ぶりも見ても、貿易黒字が縮小したり、赤字に転じたりしたことを、まるで日本の国力が低下したかのように解説する向きもあります。

教科書的にいえば、そのように考えることは正しいとはいえません。すでに述べた比較生産費説が描くような形で、各国が比較優位を反映した貿易取引を行っているのであれば、いずれの国にも経済的な利益がもたらされているはずだからです。輸入品を購入した国内の消費者はそれで喜んでいるでしょうし、輸出品を購入した外国の消費者も同様に喜んでいるでしょう。そうした貿易取引の結果、貿易収支が赤字になっても、それ自体を悪いことだとは評価できません。貿易赤字が長い間続いているということも、その国の国民が海外からの輸入品で豊かな生活を維持できていることを意味するとさえ言えそうです。

ただし、貿易収支の黒字や赤字にまったく注目する必要はないとまではいえません。それが国内経済の動きと密接に関係するからです。以下では、そうした話をするために、この貿易収支に、サービスの取引も含めた経常収支という指標をまず紹介します。そのうえで、その経常収支の黒字や赤字の意味を改めて考えることにしましょう。

†外国との取引を統計でまとめる

外国との取引は、工業製品や原材料のような財の取引だけではありません。外国との取引の収支尻をもう少し広く捉えた統計として、**経常収支**という指標があります。経常収支は、すでに説明したような財の輸出から輸入を差し引いた貿易収支のほか、旅行や特許の使用料などサービスのやりとりを対象とした**サービス収支**、配当や利子など投資から得られた収益のやりとりを示す**第一次所得収支**、そして、対価を伴わない無償の資金援助などの**第二次所得収支**で構成されます。要するに、一定期間（1カ月や1年など）における海外との財やサービスの取引や、投資収益のやりとりなど、外国との経済取引で生じた収支が経常収支にまとめられています。

国際収支統計にはこの経常収支のほかに、直接投資や証券投資、金融派生商品、その他の投資、外貨準備で構成される**金融収支**、そして、そのほかに**資本移転等収支**という項目で構成されています。金融収支は、それが黒字であれば、外国に貸しているお金から外国から借りているお金を差し引いた額が増えたことを意味します。資本移転等収支は、特許権・著作権などの売買や、道路や港湾などのインフラ整備など対価なしで行った援助の結果を示しており、特許権を購入したり、援助をしたりするとマイナスになります。

†財・サービスの動きとお金の動きは表裏一体

ここでさらに面倒なことをいうと、経常収支と資本移転等収支を合わせた値は、後述するように金融収支に一致する性格のものなのです。しかし、実際には一致せず、その差を誤差脱漏として処理しています。つまり、

経常収支＋資本移転等収支－金融収支＋誤差脱漏＝0

という関係式がつねに成り立ちます。

この関係式はややわかりにくいですが、次のように理解しておきましょう（実際の取引とは異なります）。経常収支が黒字になるということは、輸出の売上金として外国から得たお金が、輸入代金として外国に支払ったお金を上回ることです。そこに、少額ですが資本移転等収支の分が上乗せされます。要するに、経常収支と資本移転等収支の合計は、外国との貿易取引などの結果、手元で増えた外貨の合計を意味します。

日本は、そうして得られた新たな外貨の一部を、外国への直接投資に向けたり、外国の国債や社債の購入に充てたりします。それでも外貨は手元に残るのですが、その一部は外貨準備という形で政府・日銀が預かります。それらの合計を改めてまとめたものが金融収

支なので、経常収支と資本移転等収支の合計に一致することになります。

大まかに言えば、経常収支と資本移転等収支の合計は、どのような取引で外国からお金を稼いだか、そして、金融収支は、そうして稼いだお金をどのような形で外国に対する資産として新たに保有したかをまとめたものです。そう考えたら、両者が一致することが理解できるでしょう。ただし、実際には、統計上の誤差や漏れがあるので、その分を誤差脱漏として処理し、等号がつねに成り立つように処理されています。

なお、資本移転等収支は額が小さく、誤差脱漏は統計上の処理なので、その2つの項目を無視して、経常収支－金融収支＝0、すなわち、「経常収支は金融収支に等しい」と覚えておいても大きな問題はないでしょう。これは、財・サービスの動きとお金の動きとが、国際収支統計では表裏一体になっていることを意味します。

†重点は貿易収支から投資収益へ

ここで、読者に注意していただきたいことがあります。外国との経済取引としてまず私たちの頭に浮かぶのは、工業製品や原材料など財の輸出入です。ですから、経常収支の動きは、貿易収支によってかなり左右されそうです。実際、2000年代前半までは、そうした傾向が明確に見られました。

しかし、近年では状況が大きく異なっています。経常収支はこれまで同様、基本的に黒字なのですが、そのかなりの部分が貿易収支の黒字ではなく、第一次所得収支の黒字で説明されるようになっているのです。一方、貿易収支はほぼ均衡した状態を続けています。

どうして、このような変化が起こっているのでしょうか。日本企業は1980年代に入ってから生産拠点を海外に移転し、子会社を積極的に設立しました（その背景には、日本の輸出品が外国から見て割高になる円高が進み、企業がその影響を避けようとしたことが挙げられます）。その子会社から得た収益が国内に還流され、第一次所得収支の黒字を膨らませてきているからです。このように日本は、財の輸出で稼ぐ時代から、外国から得られる投資収益で稼ぐ時代にすでに移っているのです。

こうした変化は、望ましいことなのでしょうか。企業の合理的な行動の結果そうなったのだから、望ましいと評価してよいという見方もできるでしょう。しかし、モノづくりの海外移転が過度に進むと、生産活動と技術開発が互いに刺激し合う好循環が国内で形成されにくくなります。それを考えると、外国から得られる投資収益に依存し過ぎると、日本の国際競争力にとって望ましくない面も出てきそうです。

†経常収支とGDPの関係

最後に、貿易取引で顔を出す輸出入——以下の議論では、財だけでなくサービスの輸出入も含みます——と、第4章で説明したGDPとの関係を整理しておきましょう。ここで登場するのは、貿易収支ではなく経常収支です。

読者は、GDPが国内総生産であると同時に、国内総支出でもあったことを思い起こしてください。輸出は、その国内総支出を構成する重要な項目の1つです。輸出は日本の国内で生産された財やサービスのうち、外国で購入される分ですから、輸出がGDPの構成項目であることは直感的にも理解しやすいところです。

一方、輸入はGDPから差し引かれる、控除項目です。どうしてでしょうか。輸出に比べると、説明が難しいところです。GDPは国内総支出、つまり、国内の消費や投資など、私たち消費者や企業、政府が購入した財・サービスの合計でもあるのですが、その中には、外国から輸入された財・サービスも区別されずに含まれています。しかし、それらは、国内ではなく外国で生産されたものなので、国内で生産された財・サービスの総計であるGDPを計算する際には差し引かなければなりません。だから、輸入は控除項目になっているのです。

さらに面倒な話をしましょう。財・サービスの輸出から輸入を差し引いた経常収支（以下では、CAと略記します）は、国内で生産された財・サービスの総計、すなわち、GDP（Y）のうち、民間の消費（C）と投資（I）や政府支出（G）として支出されずに残った部分に等しくなります。したがって、

Y＝C＋I＋G＋CA

という式がつねに成り立ちます。経常収支は、国内で売れ残った財・サービスです。そして、その分は外国が買っているのです。それではじめて財・サービスの需給が均衡します。

一方、GDPは私たちが得た所得の合計でもあるのですが、そこから私たちは税金（T）を政府に納め、買い物やレジャーなどの消費（C）をして、それでも残るお金を貯蓄（S）に回しています。つまり、

Y＝C＋T＋S

という式がつねに成り立ちます。以上の2本の式を連立させ、YとCを消去すると、

CA＝(S－I)＋(T－G)

という関係式が得られます（読者は各自確認してください）。つまり、経常収支は、国内の

民間貯蓄のうち投資に回らなかった分（S－I）と、税収から政府支出を差し引いた財政収支（T－G）の合計に等しくなります。

つまり、経常収支は国内で余ったお金の量に等しいのです。その余ったお金は、外国に貸し出されていないとバランスがとれません。これは、金融収支が黒字になっている状況です。

†経常収支は国内経済の姿を映す鏡

ここまで説明すると、233ページの「経常収支は金融収支に等しい」（資本移転等収支と誤差脱漏は無視しています）という説明を理解しやすくなるのではないでしょうか。経常収支が黒字（赤字）であることは、金融収支が黒字（赤字）であることと同じなのです。

次のように、直感的に理解しておいてもよいでしょう。国内で生産された財・サービスを、国内の消費者や企業、政府が購入し切っていないと仮定します。そのとき、国内ではお金が余り、財・サービスも売れ残っています。売れ残った財・サービスは、外国が代わりに購入してくれているのですが（経常収支が黒字）、その代金は、日本が余ったお金を外国に貸したお金（金融収支が黒字）で過不足なく支払われています。

こう書くと、「国内でお金が余っているのに、同時に国内で財・サービスが余るなんてことあるのかな」と不思議に思う読者もいるでしょう。この点は、次のように理解しておいてよいかもしれません。

国内で生産された財・サービスの売り上げ総額は、その生産によって得られた所得総額であると同時に、国内での売り上げと外国での売り上げの合計でもあります。ですから、外国での売り上げは、①国内の所得総額のうち国内での財・サービスの購入後に残ったお金の額であると同時に、②国内で生産された財・サービスのうち国内で購入されずに残った分でもあるのです。ここではさらに、国内でお金が余るという状況は、国内だけでなく外国での売り上げがあってこそ成立するという点に注目してください。要するに、話がぐるぐる回っているのです。

こうした点を考えると、経常収支は同時に金融収支でもあること、そして、国内におけるお金や財・サービスの状況を映し出す鏡のような役割を持っていることがわかります。もちろん、経常収支の黒字は望ましく、赤字は望ましくない、といった類の話はここからもまったく出てきません。しかし、国内経済がどのような姿になっているのか、また、それが外国とどのような関係にあるのかを知りたい場合、経常収支はやはり重要な情報を提供しているのです。

3　円高と円安、どちらがよいか

†1ドル130円から140円は円高？　円安？

皆さんの中には、すでに海外旅行の経験が何度かある人も多いでしょう。その場合、手持ちの円をドルやユーロなど、外国の通貨に変換したことがあると思います。その時の交換率が**外国為替相場**です。外国為替相場は通常、1ドル（または1ユーロ）何円かという形で表現します。1ドル130円から1ドル140円になったとき、読者の皆さんは円高か円安かすぐに答えられますか。1ドルの価格が円建てでみると高くなるので、ドル高、つまり円安です。慣れれば簡単に答えられますが、数字が高くなるので、円高かなと一瞬迷う人がいるかもしれません。

では、円高か円安か、どちらが望ましいのでしょうか。これから海外旅行に出かけて買い物をしようと考えている人にとっては、円高のほうがありがたいでしょう。しかし、外国に品物を輸出しているメーカーにとっては、逆です。円高だと外国通貨建てに換算すると値上げしたことになるので、売れ行きが悪化します。一方、原材料を輸入している企業にとっては、円高はコスト削減になってありがたいことになります。外貨預金をしている人にとってはどうでしょうか。預金を取り崩して円で手に入れようとすると、円高では損になります。

このように、「円高と円安、どっちがいいの？」という質問に対する答えは、立場によって大きく異なります。同様に、「外国為替相場の望ましい水準はどこか」とか、「現在の円安は行き過ぎなのか」といった評価も難しいところです。メディアの報道の仕方にも注意が必要です。メディアは、円安のときは円安で困っている人たちのことは取り上げますが、円安で喜んでいる人たちのことは取り上げません（逆は逆）。

そうしたことはともかくとしても、外国為替相場は人々の経済活動に大きな影響を及ぼすので、その決定メカニズムについて昔から多くの考え方が示されてきました。それを、次に紹介しましょう。

†外国為替相場はどのように決まるか

外国為替相場がどのような要因で決まるか——誰もが知りたいところですが、決定打といえるものは残念ながら見当たりません。

直感的に理解しやすく、外国為替相場の長期的なトレンドを左右する理論として、**購買力平価説**といわれるものがあります。貿易取引されているある財1個の価格が、アメリカでは2ドル、日本では280円だったとしましょう。そのとき、1ドルは日本円で140円の値打ちがあることになります。この値打ちのことを購買力といい、ドルと円の購買力の比率が円の対ドル為替相場になると考えるわけです。これが購買力平価説の考え方です。

もちろん、財は無数にあるので、実際には両国の一般的な物価水準を比較します。また、外国為替相場の変化の方向を購買力平価説で考えることもあります。例えば、ある時点を基準として、それ以降、アメリカより日本のほうでインフレが進んでいるのであれば、円の購買力が相対的に低下するので、外国為替相場は円安の方向に変化するでしょう。

ただし、この購買力平価説では、日々変化する外国為替相場の動きを説明することができません。説明できるのは、外国為替相場の長期的なトレンドや変化の大まかな方向だけです。

それでは、ドルと円の需給関係はどうでしょうか。ドルを円に換えたい人が多ければ多いほど、円高になるはずです。例えば、日本の経常収支が黒字であれば、日本の市場には輸出で獲得したドルの供給が増加するので、それを円に換えようとする需要も増加し、円高になるという予想が立ちます。逆に、日本の経常収支が赤字なら、円安になりそうです。需給で価格が決まるという市場原理の考え方からすれば、自然な発想と言えます。

しかし、ドルや円の需給は、経常収支の変動から生まれるようなレベルとはケタが大きく違う、巨額の資金が瞬時に行き交う国際金融市場で決まります。資産を円建てで保有しているのが有利だと判断されると、一瞬のうちに巨額の資金が円建て資産の購入に向かい、円高の方向に振れます。逆の場合は、円安です。経常収支が通貨の需給に及ぼす影響はそれほど大きくないのです。

†国際金融のプロは何に注目しているか

国際金融市場に参加しているプロの投資家がまず注目するのは、自国と外国との間の金利差です。日本の金利が上昇すれば、資産を円建てで保有したほうが有利なので、円建て資産に対する需要が増加し、円高になります。しかし、投資家にとっては足元の金利差だけでなく、その将来見通しも重要です。例えば、日本銀行が金融緩和をやめて引き締めに転じる、つまり金利を上げるという予想が強まれば、市場参加者は円を買うでしょう。円建て資産につく金利が上昇すると見込まれるからです。

また、何らかの理由で円高が将来見込まれるのであれば、市場参加者は現時点で円を買っておき、円高になった時点で円を売って利益を稼ごうとするはずです。そのような行動をとる市場参加者が多ければ、円を買う動きが実際に強まって、円高が進みます。つまり、円高になるという予想が実現してしまうわけです。こうした外国為替相場やその見通しに影響する要因には、狭い意味での経済の動きだけではなく、内外の政治情勢も含まれます。

実際の国際金融市場では、市場参加者によるこうした思惑が交錯《こうさく》し、外国為替相場は複雑な動きを見せます。相場が短期間に大きく変動したり、1つの方向に大きく振れたりすることも少なくありません。相場の変動があまりに大きいと、経済活動にも支障が出かねないので、政府が市場に介入することもあります。例えば、円安が行き過ぎていると、政府は円を買ってドルを売ることでその動きを抑えようとします。実際には介入しないのに、例えば「円安が行き過ぎたら介入するぞ」と政府が警告するだけで、市場の流れが変わることもあります。こうした介入を、文字通り「口先介入」といいます。

＊なお、外国為替相場は対ドル相場だけではありません。対ユーロ、対中国元などさまざまです。円高がドルに対して進むだけで、それ以外の通貨に対する相場はあまり変化していないという状況もあり得ます。貿易取引はいろいろな通貨で決済されているので、円の相場がほかの通貨に対して全体としてどのように変化しているかを知りたい場合もあります。その場合は、円の各通貨に対する為替相場の動きを、貿易取引における各国との取引のウエイトで加重平均して指数化した実効為替相場という指標があります。

4 深まる世界の結びつき

†意味が薄れる国境

国と国との間で貿易取引が自由に行われると、消費者や企業が経済的な利益を得られるというのが、経済学の基本的な考え方でした。そのとき、国と国との境目である国境の意味も薄れていきます。

この点は、1節で説明した比較生産費説でも明らかです。国によって財の生産技術に差があったとしても、各国が比較優位にある財の生産に特化し、その財を輸出すればどうなるでしょうか。その財の生産技術が相対的に劣っている国も、優れている国から輸入した財を購入できます。また、国内の労働者数が少なくても、労働者数が豊富な国が生産し、輸出する労働集約財を輸入すれば、貿易取引がない場合よりそうした財を多く購入できます。

また、生産に必要なお金が、国境をまたいで移動することもできます。工場の建設に資金が必要でも、国内にお金が十分でなければ、お金を借りるために高い利子率を覚悟する必要があります。しかし、お金が潤沢にあり、貸しても高い利子率が稼げない国がほかにあれば、その国の投資家が、資本不足の国にお金を貸そうと思うでしょう。そうなると、国境はそのままなのに、お金が外国から入ってきます。

労働はどうでしょうか。1970年代から80年代ごろまでは、労働は国境をまたいで移動しないと想定することが経済学の教科書でも普通だったのですが、現在は状況がまったく異なります。労働力不足で賃金が高めになっている国に、そうでない国から労働者が大量に流入するようになっているからです。

このように、財やそれを生産するためのお金や労働が国と国との間を自由に動くようになると、どうなるでしょうか。もちろん、外国為替相場による調整も起こりますが、異なる財どうしの相対価格はどの国でも同じようになります。さらに、お金を借りるコストを示す利子率も、お金の移動に制約がないと、各国で同じような水準に向かっていきます。お金が足りず、利子率が高い国では利子率が低下し、そうでない国では利子率が上昇するからです。労働の対価である賃金も、労働者の移動が活発になると、同じような理由で国ごとの格差は縮小していくでしょう。また、財と違って貿易取引が難しいサービスの価格も、お金や労働の移動が進むとどの国でも同じような水準に向かって変化するはずです。

もちろん、実際には右に説明したような変化が円滑に進むわけではありません。しかし、財やお金、労働の動きが自由になると、国境の意味が薄れていくことになります。それは、各国の国民に対して経済的な利益の増加をもたらすことになります。もしそうであれば、関税や輸入制限など、貿易取引を制限し、ブレーキを掛ける制度的な仕組みはできるだけ排除すべきだということになります。そうした観点から、自由貿易を目指し、貿易面で発生するさまざまな紛争を処理する国際的な組織として、**世界貿易機関**（ＷＴＯ：World Trade Organization）があります。

†保護主義と地域経済統合

しかし、自由貿易が私たちにもたらす経済的な利益は、あくまでも全体として見た利益であり、それを配分してもそのメリットは「広く薄く」しか感じられないことが少なくありません。そして、貿易によってむしろ経済的な損失を直接受ける人が出てきます。国際的な競争力を失い、それこそ比較優位を持たない産業分野の企業や労働者は、自由貿易によって淘汰《とうた》される危険にさらされます。そうした人たちの発言のほうが政治的に目立つので、特定の産業の保護を目指す政策が講じられることも少なくありません。そのような政策を**保護主義**的な政策と言います。各国政府は程度の差こそあれ、国内からの保護主義的な主張に直面しています。

もちろん、WTOは自由貿易を追求し、加盟国間で発生する貿易に関するさまざまな紛争を国際的な枠組みのなかで解決しようとしています。しかし、加盟国間の利害関係が絡み合って紛争解決の仕組みがうまく機能せず、世界各国が共通して目指すべき目標を設定することが難しくなっています。その一方で、貿易取引による利益を共有するためには、各国間で制度面の調整や改革が必要だという認識は各国で強まり続けています。

そうした状況を背景にして、ＷＴＯという枠組みだけに頼るのではなく、近隣する国々のなかで、関税やその他の貿易障壁、サービス貿易に関する規制投資や労働移動面の制限を縮小・撤廃しようとする動きが目立つようになっています。こうした動きを、**地域経済統合**と呼びます。その代表的な例が、特定の国々の間や地域で関税や各種の貿易障壁を撤廃し、財やサービスの流通を自由に行えるようにする**自由貿易協定**（**ＦＴＡ**：Free Trade Agreement）です。

地域経済統合には、一応プラスの効果を期待してよいでしょう。統合の仕組みづくりに、地域の事情が丁寧に反映される点もメリットになります。しかし、そのプラスの効果は、基本的には統合に参加する国々に発生するものであり、非参加国にはマイナスの効果が及ぶかもしれません。また、参加国の間でも効果の大小の違いが出てきますし、１つの国の中でも統合によって損失が出る分野も出てくるでしょう。こうしたマイナスの効果を打ち消すほどのプラスの効果が地域経済統合から得られるのか、なんとも言えません。

†世界の格差問題をどう解決するか

経済学には、限られた資源をできるだけ効率的に配分するという効率性と、できるだけ困った人を支援し、格差を抑えるという公平性という2つの観点から物事を考える特徴がある、と本書では繰り返し説明してきました。貿易取引の在り方に関する話は、どちらかというと効率性の観点が中心となります。しかし、世界経済には、公平性の観点から議論すべき問題も数多くあります。

世界は、経済発展の度合いがかなり異なる国々によって構成されています。国民が平均的に見て豊かな生活を送っている国々がある一方で、生活水準が低く、少なくない国民が貧困に苦しんでいる国々もあります。

世界経済が全体として成長すれば世界の貧困問題も徐々に解決され、国家間の経済格差も所得の再分配によって縮小に向かう、というシナリオも描けないわけではありません。しかし、現状ははるかに複雑のようです。若年人口の分厚い新興国（東南アジア各国やインドなど）が勢いを増しているという見方もありますし、かつては豊かだった日本がむしろ貧しくなるという見通しも捨てきれません。お金や労働の動きがボーダーレスになると、国を単位にして物事を考えること自体が無意味になる可能性もあります。

しかし、現実問題として、地政学的な要因や不安定な政情を反映して貧困問題が深刻化し、国民が健康で文化的な社会生活を送れない国々が存在します。私たちがそうした国々に住む人々と比べて、少なくとも平均的に見て豊かな生活を送っているのであれば、支援を進めることが公平性の観点から強く望まれます。経済支援は、回りまわって自国の経済的利益や世界全体の経済発展に寄与するから進めるべきだ、という意見もあります。それ自体けっして間違っているわけではありませんが、経済学における公平性の観点は本来、見返りを期待しないものです。

経済的に苦しい立場にある国々を支援する仕組みには、経済活動を支えるインフラ整備や技術援助から、教育や医療、生活環境の改善を目指すものまで、さまざまなものがあります。国際連合の下にはそうした支援の仕組みが数多く用意されていますし、最近では、ソーシャル・ビジネスなど多様な形態による国際開発・経済支援も盛んになっています。

さらに、経済支援分野で経済学ならではの取り組みも見られます。例えば、限られた資源の下でどのような経済支援の仕方が効果的なのか、テスト・ケースをいくつか試し、その結果を統計的にしっかり検証・比較したうえで、実際の支援策の立案に生かしていくというアプローチです。世界の人々の幸せの追求に、経済学が貢献しつつあることを示す一例といえるでしょう。

おわりに

いかがだったでしょうか。経済学という学問について、何らかのイメージはつかめたでしょうか。Tシャツを買う話から年金や財政赤字、貿易取引の話まで、ちょっと欲張りすぎたかなと反省しております。とりわけ高校生の皆さんには、消化不良のようなところがあったかもしれません。もしそうならお詫《わ》びいたします。

本書を書き終えた今、筆者は少々ジレンマに陥っています。

まず、本書に目を通した皆さんが、経済学特有の〝ものの見方〟や経済そのものに少しでも興味を持ち、さらに経済学の勉強を深めたり、経済関連のニュースや記事に目を向けたりして下さったら、筆者としてこれ以上の喜びはありません。経済情報の量も質も、筆者が学生の頃と比べて格段に充実してきました。官庁や一般企業、金融機関がホームページを充実させているので、書籍や新聞・雑誌だけでなくインターネットでも豊富な経済情報をいとも簡単に入手することができます。

また、本書を読んで、大学でしっかり経済学を勉強したいと思うようになった読者がいらっしゃったとすれば、大学で経済学を教えている教員の端くれとして心より感謝します。

しかしその一方で正直なところをいうと、筆者は、高校生には経済学の勉強にあまり力を入れてもらいたくないとも思っているのです。学問には「教え時《どき》」「学び時《どき》」があるような気がします。高校時代にどうしても経済学を学ぶ必要があるとは、筆者には思えません。もっと歳を重ねてからでも遅くないと思います。この思いは、今回の改版に当たって一層強まっています。

高校生の頃は、外国語（英語）や数学をみっちり勉強する、自然科学（理科）の基礎を身につける、日本や世界の名著や古典に親しむ、そして日本や世界の歴史を学ぶことのほうがはるかに大切です。そういういろいろな知識を身につけておいたほうが、回り道になったとしても、経済学に対する理解が深まると思います。

一方で経済学に関心を持ってもらえれば嬉しいと言いながら、他方では高校時代には経済学はあまり勉強するなと言っているわけですから、まったくの矛盾です。要するに、後は読者の皆さんにすべてお任せします、ということです。

索引（ゴチック体の項目は人名を示す）

ちくま新書
1779

高校生《こうこうせい》のための経済学入門《けいざいがくにゅうもん》［新版］

二〇二四年二月一〇日　初版第一刷発行

著者　小塩隆士（おしお・たかし）

発行者　喜入冬子

発行所　株式会社　筑摩書房
東京都台東区蔵前二-五-三　郵便番号一一一-八七五五
電話番号〇三-五六八七-二六〇一（代表）

装幀者　間村俊一

印刷・製本　株式会社　精興社

ISBN978-4-480-07587-1 C0233

ちくま新書

1637 ホモ・エコノミクス ——「利己的人間」の思想史 重田園江

経済学が前提とする「利己的で合理的な主体」はどこで生まれ、どんな役割を果たしてきたのか。私たちの価値観を規定するこの人間像の謎を思想史的に解き明かす。

1622 グローバリゼーション ——移動から現代を読みとく 伊豫谷登士翁

ヒト、モノ、カネが国境を越えて行き交う現代世界で、なぜ自国第一主義や排外主義が台頭するのか。グローバル化の根本原理を明らかにし、その逆説を解きほぐす。

1501 消費税増税と社会保障改革 伊藤周平

新型コロナ流行による大打撃以前から、消費税増税のために経済や福祉はボロボロ。ウイルスとの闘いのさなかでさえ、社会保障を切り下げる日本のドグマ。

1276 経済学講義 飯田泰之

ミクロ経済学、マクロ経済学、計量経済学の主要3分野をざっくり学べるガイドブック。体系を理解して、大学で教わる経済学のエッセンスをつかみとろう！

1032 マーケットデザイン ——最先端の実用的な経済学 坂井豊貴

腎臓移植、就活でのマッチング、婚活パーティー!? お金で解決できないこれらの問題を解消する画期的な思考を解説する。経済学が苦手な人でも読む価値あり！

837 入門 経済学の歴史 根井雅弘

偉大な経済学者たちは時代の課題とどう向き合い、それぞれの理論を構築したのか。主要テーマ別に学説史を描くことで読者の有機的な理解を促進する決定版テキスト。

785 経済学の名著30 松原隆一郎

スミス、マルクスから、ケインズ、ハイエクを経てセンまで。各時代の危機に対峙することで生まれた古典には混沌とする経済の今を捉えるためのヒントが満ちている！